ITALIANO PER IL LAVORO

Federico Dabono

LAVORARE IN OSPEDALE

B1/B2

Il piacere di apprendere

Collana: Italiano per il lavoro

Federico Dabono
LAVORARE IN OSPEDALE

Coordinamento editoriale: Paola Accattoli
Redazione: Paola Accattoli, Laura Severini, Silvia Papa
Direttore artistico: Marco Mercatali
Progetto grafico: ELi
Impaginazione: Netwintec S.r.l. - Federica Buoncristiani
Ricerca iconografica: Giorgia D'Angelo
Direttore di produzione: Francesco Capitano
Foto di copertina: Shutterstock

Casella Postale 6 - 62019 Recanati - Italia
Telefono: +39 071 750701
Fax: +39 071 977851
info@elionline.com
www.elionline.com

Crediti fotografici
Shutterstock
Archivio ELI

Pixabay: pag. 28 foto paziente allettata.

Alamy: pagg. 30-31 aspiratore chirurgico, elettrobisturi; pagg. 36-37 risonanza magnetica, scintigrafia, TAC; pag. 44: infermieri in corsia, reparto terapia intensiva ospedale San Carlo; pagg. 48-49 infermiera che insegna, infermiere uomo con paziente, due infermiere con paziente; pag. 50 prelievo arterioso; pag. 54 cateteri venosi; pag. 66 nutrizione enterale con sondino.

Stampato in Italia presso Tecnostampa – Pigini Group Printing Division – Loreto – Trevi: 22.83.229.0

ISBN 978-88-536-2890-9

Introduzione

Obiettivo

Lavorare in ospedale si rivolge a studenti e professionisti che hanno bisogno di usare la lingua italiana nel loro ambito di studio e di lavoro. Il suo obiettivo è fornire **lessico, strutture** e **funzioni linguistiche di livello B1/ B2**, informazioni di base sul Sistema Sanitario Nazionale italiano e le principali tecniche di cura e assistenza alla persona, presentate in modo sintetico ma esaustivo. In sostanza, un efficace strumento didattico per poter affrontare – senza problemi di comprensione – corsi professionali e universitari o facilitare l'attività lavorativa in strutture ospedaliere o para-ospedaliere.

Cosa offre

- Chiari vocabolari fotografici sulle principali funzioni del corpo umano;
- Vocabolari fotografici su strumentazione e ausili medico-sanitari di largo uso;
- Descrizione generale dell'ambiente ospedaliero italiano e di altre strutture sanitarie;
- Descrizione delle diverse figure professionali nelle strutture di tipo sanitario: medici – infermieri - OSS – OSA – personale ospedaliero in genere – soccorritori ambulanza – fisioterapisti...;
- Descrizioni dei più diffusi medicinali ed esami clinici;
- Brevi documenti autentici su leggi italiane riguardanti la sanità;
- Descrizioni sintetiche, ma chiare ed esaurienti, sulle principali tecniche medico-sanitarie di base, compreso il primo soccorso e la cura del paziente in senso più ampio;
- Descrizioni dei principali macchinari medici (TAC, defibrillatore...);
- Dialoghi e Role Play per mettere subito in pratica quanto appreso;
- MP3 scaricabili per pronunciare bene il lessico e imparare le strutture linguistiche di base necessarie ai diversi ruoli professionali.
- Soluzioni degli esercizi e trascrizioni delle parti audio.

La Sanità in Italia: una continua evoluzione

Anche la Sanità italiana, come quella di tanti altri Paesi, è una realtà in continua evoluzione, sia dal punto di vista tecnico, che da quello amministrativo, legale e burocratico.
Lavorare in Ospedale è estremamente aggiornato al momento della pubblicazione e si propone di aggiornarsi, nel corso del tempo, per adeguarsi ai cambiamenti di questa realtà in continua trasformazione.

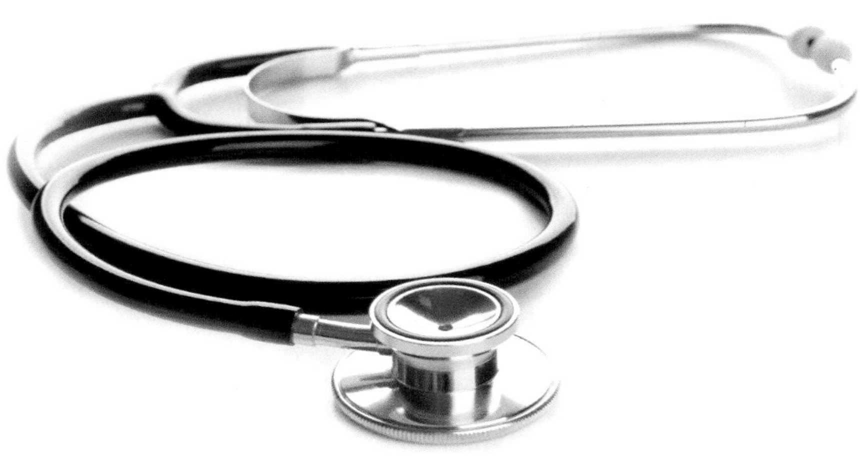

Contenuti

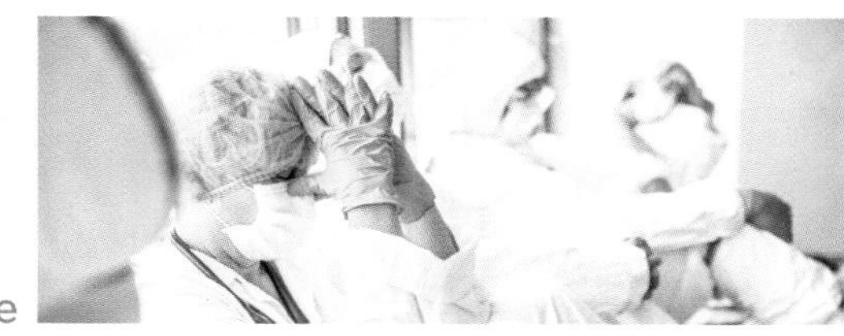

 1 MP3 scaricabili da www.ilseliedizioni.it/lavorareinospedale

1 Il corpo umano

LE PARTI DEL CORPO

1 2 **Guarda bene i disegni. Poi ascolta e scrivi le parole nel riquadro al posto giusto. Guarda l'esempio.**

caviglia — ~~collo~~ — coscia — dita — fronte — gomito — guancia — narice — occhio — polso — stomaco

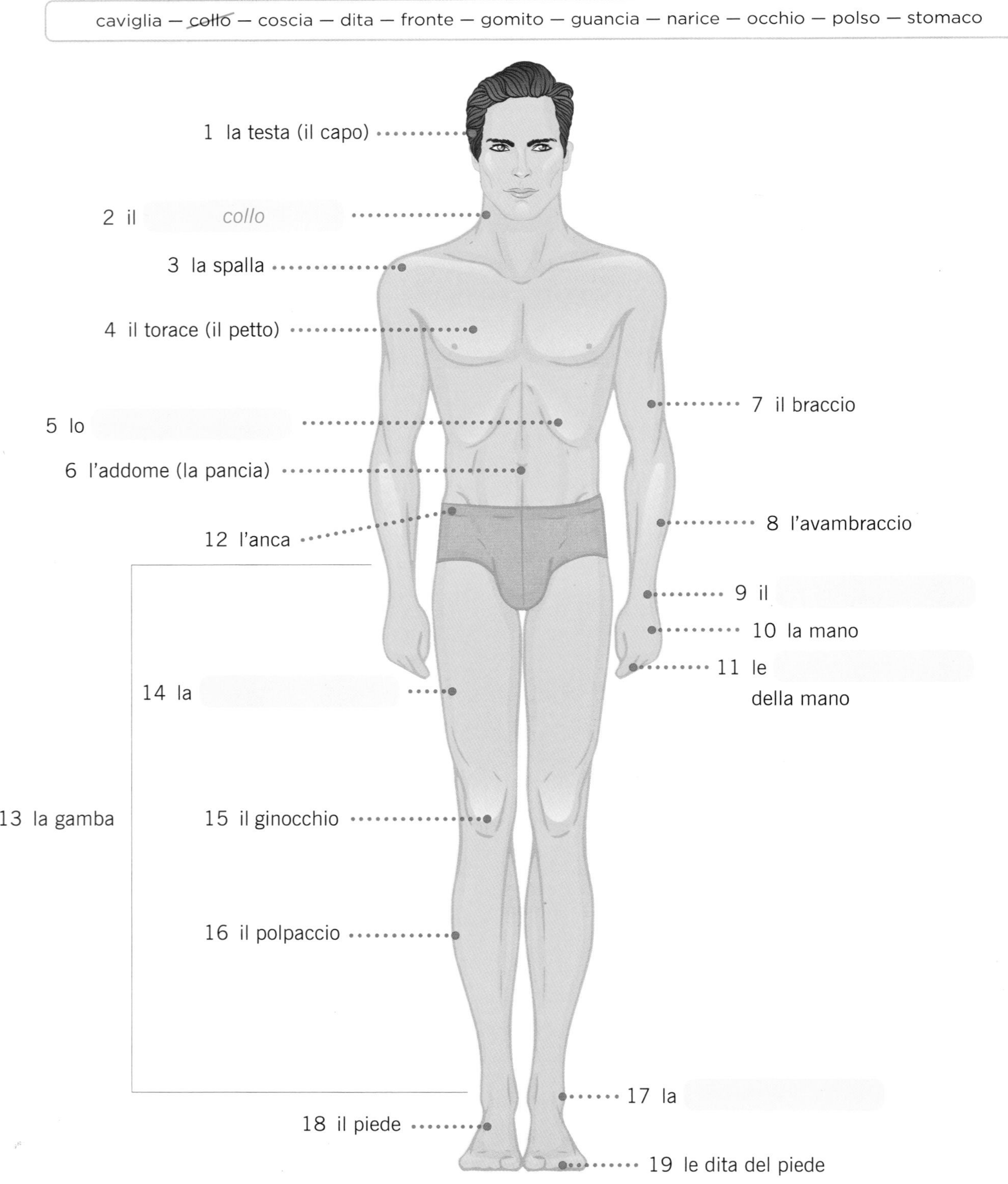

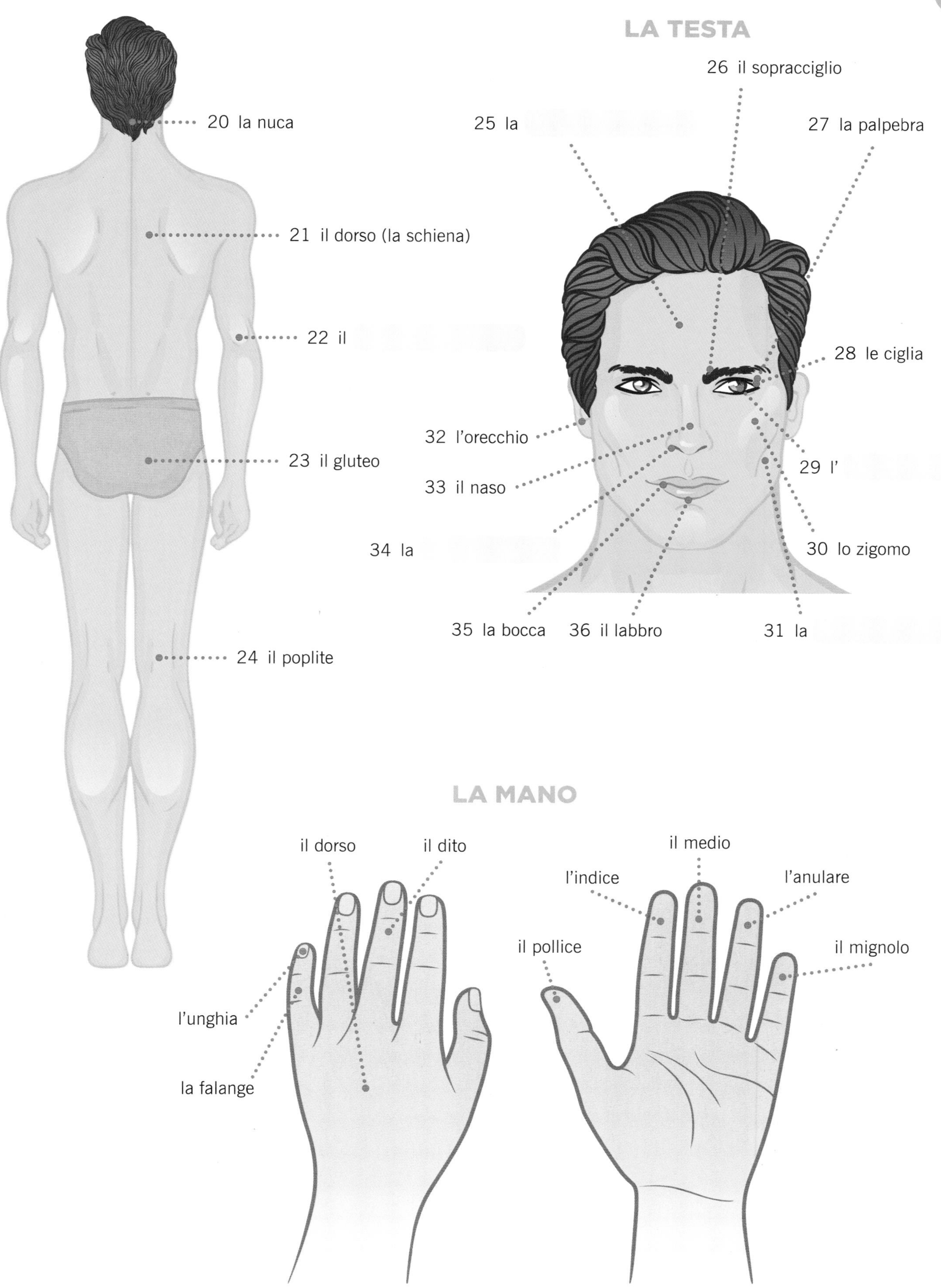
20 la nuca
21 il dorso (la schiena)
22 il
23 il gluteo
24 il poplite
LA TESTA
26 il sopracciglio
25 la
27 la palpebra
28 le ciglia
32 l'orecchio
33 il naso
29 l'
34 la
30 lo zigomo
35 la bocca
36 il labbro
31 la
LA MANO
il dorso
il dito
il medio
l'indice
l'anulare
il pollice
il mignolo
l'unghia
la falange

GLI ORGANI INTERNI PRINCIPALI E LE LORO FUNZIONI

2 3 **Ascolta e completa i nomi degli organi interni.**

1 il ce __ __ el __ o
2 la tra __ __ ea
3 il __ __ lmone
4 il __ uo __ e
5 la mi __ __ a
6 il fega __ __
7 lo __ __ __ maco
8 il r __ n __
9 il pa __ __ __ ea __
10 l'inte __ __ __ no
11 la ve __ __ __ __ a __ rina __ ia

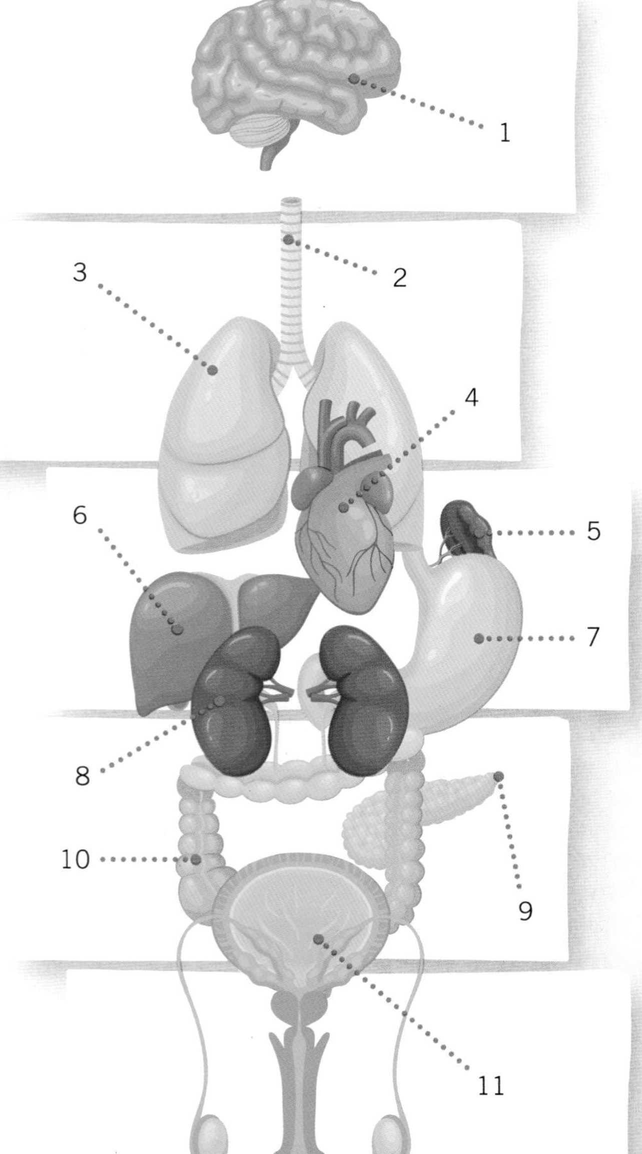

3a Abbina ogni organo interno alla sua funzione. Nei testi, fai molta attenzione alle parole colorate e a quelle in neretto.

1 ☐ il cervello
2 ☐ la trachea
3 ☐ i polmoni
4 ☐ il cuore
5 ☐ la milza
6 ☐ il fegato
7 ☐ lo stomaco
8 ☐ i reni
9 ☐ il pancreas
10 ☐ l'intestino
11 ☐ la vescica urinaria

A È un organo del sistema linfatico, collegato al sistema circolatorio e svolge un'importante funzione immunitaria. È un filtro per la depurazione del **sangue**: la sua funzione principale è di produrre **globuli bianchi**, eliminare i **globuli rossi** vecchi o danneggiati e verificare la presenza di **agenti patogeni**.

B Fa parte dell'apparato urinario e raccoglie l'**urina** che proviene dai reni, tra una **minzione** e l'altra.

C È una ghiandola e, quindi, fa parte del sistema endocrino, ma è collegato all'apparato digerente. Ha molte funzioni, che possiamo sintetizzare in:
- **omeostasi**, cioè la regolazione di sostanze importanti per la stabilità e buona salute dell'organismo;
- è responsabile della **formazione del glucosio** (indispensabile alle cellule) e, producendo la bile, **emulsiona i grassi**, in modo che l'intestino possa assorbirli;
- **filtro**, perché **metabolizza** ed **espelle** prodotti di rifiuto e **tossine**.

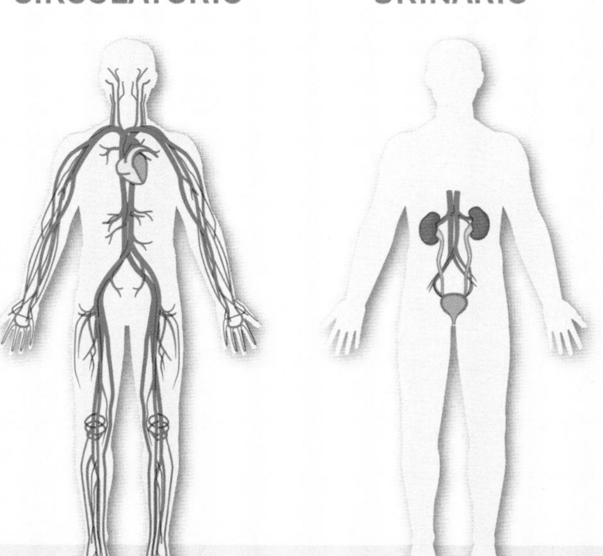

D È l'organo principale del sistema nervoso, controlla i pensieri, la memoria, il linguaggio, il movimento degli **arti** e il funzionamento di tutti gli organi interni. È diviso in due emisferi (emisfero destro e emisfero sinistro) e in quattro sezioni principali (lobo frontale, lobo parietale, lobo temporale e lobo occipitale).

E È una parte dell'apparato digerente. È diviso in tenue e crasso. Il tenue (diviso in duodeno, digiuno e ileo) ha come funzione principale quella di **digerire** il cibo. Il crasso (diviso in cieco, colon e retto) assorbe l'acqua dei resti di cibo non digeribili, poi espulsi come **feci**.

F Sono due e sono l'organo principale dell'apparato respiratorio. La loro **funzione** principale è portare l'ossigeno dell'aria all'organismo ed espellere l'anidride carbonica.

G È l'organo principale del sistema circolatorio. È diviso in 4 "camere": due atri e due ventricoli. La sua funzione principale è trasportare l'ossigeno dai polmoni alle **cellule** di tessuti e organi e scambiare l'anidride carbonica. Questo avviene tramite **vene** e **arterie**. La vena cava inferiore e la vena cava superiore portano il sangue con l'anidride carbonica dagli organi al cuore; l'arteria polmonare e la vena polmonare permettono il passaggio di sangue tra cuore e polmoni; l'aorta (l'arteria principale del corpo umano) riporta e distribuisce il sangue ossigenato all'organismo.

H Sono due e appartengono all'apparato urinario. La loro funzione principale è filtrare il sangue e produrre **urina**. Inoltre, secernono **ormoni** necessari al sangue.

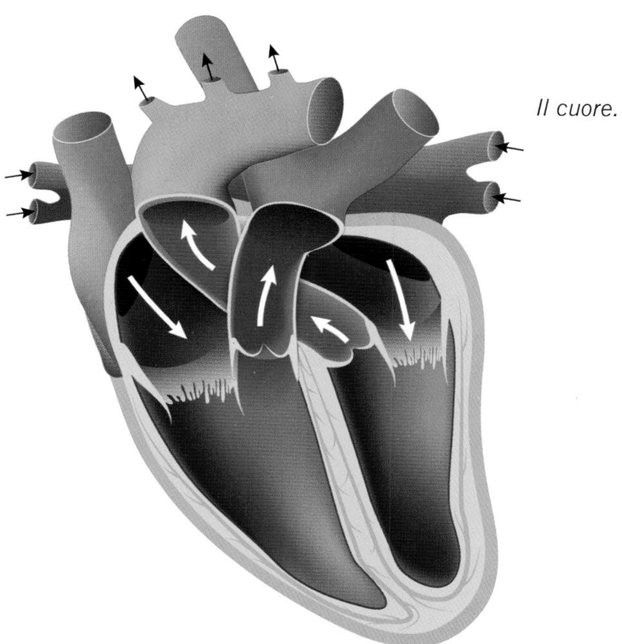

Il cuore.

I È una ghiandola e fa parte dell'apparato digerente. Ha due funzioni, endocrina ed esocrina.
Funzione endocrina (**secrezione** immessa direttamente nel sangue): **secerne** due importanti **ormoni**, il glucagone e l'insulina, che controllano il metabolismo del glucosio.
Funzione esocrina (**secrezione** immessa in una cavità dell'organismo o all'esterno): secerne il succo pancreatico, i cui **enzimi** sono necessari alla digestione del cibo.

L Fa parte dell'apparato respiratorio e consente il passaggio dell'aria esterna fino ai polmoni.

M Fa parte dell'apparato digerente. La sua funzione principale è **immagazzinare** il cibo e trasformarlo in modo adatto per la successiva digestione.

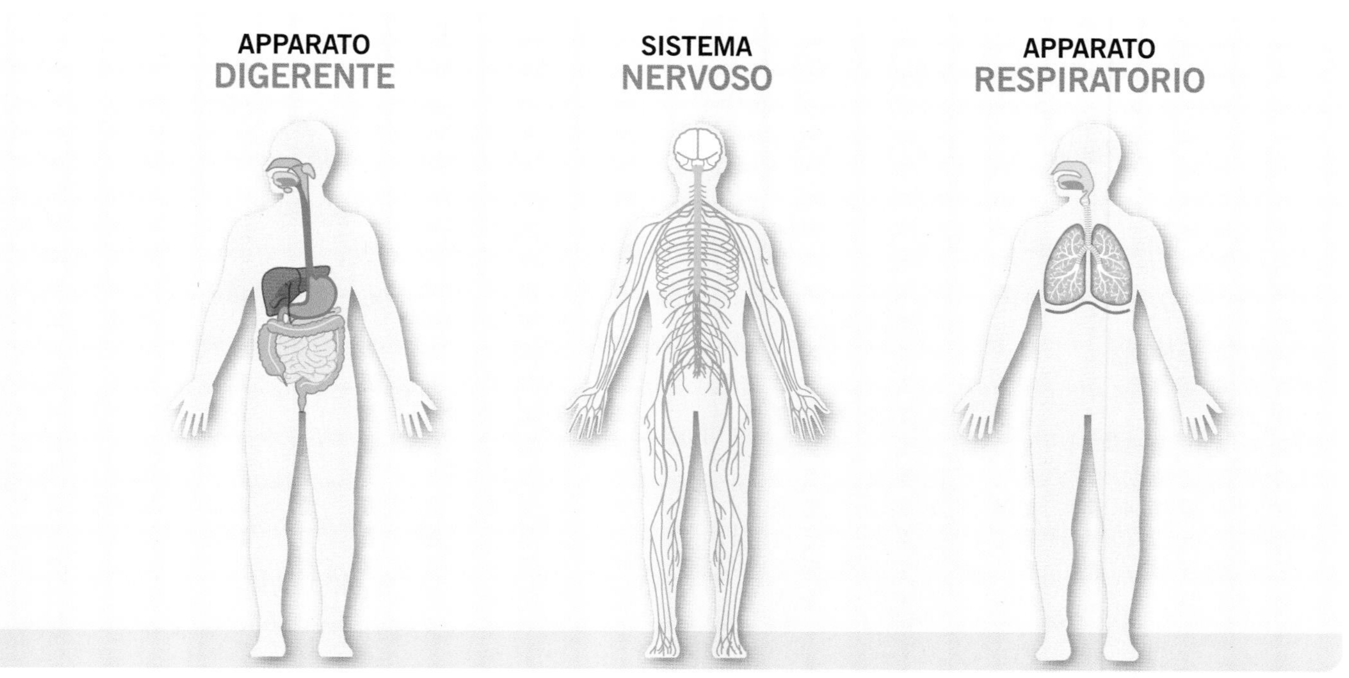

3b 4 **Ora segna il significato giusto di queste parole. Poi ascolta e controlla.**

1 **agenti patogeni**
   a microrganismi che portano malattie
   b microrganismi vecchi

2 **digerire**
   a eliminare il cibo dallo stomaco
   b trasformare il cibo in sostanze che nutrono l'organismo

3 **enzima**
   a sostanza che accelera una reazione chimica
   b sostanza che rallenta una reazione chimica

4 **espellere**
   a mandare dentro, far entrare
   b mandare fuori, far uscire

5 **metabolizzare**
   a trasformare e assimilare una sostanza
   b trasformare ed eliminare una sostanza

6 **minzione**
   a espellere urina, fare pipì
   b produrre urina

7 **ormone**
   a sostanza che impedisce la comunicazione tra cellule
   b sostanza che trasmette messaggi da una cellula all'altra

8 **secernere**
   a quando una ghiandola rifiuta delle sostanze
   b quando una ghiandola produce delle sostanze

9 **sintetizzare**
   a creare una sostanza con alcuni elementi, anche molto semplici
   b velocizzare un processo di trasformazione

Attenzione!

La tiroide (o ghiandola tiroidea)
Questa ghiandola secerne gli ormoni tiroidei, necessari per la crescita e lo sviluppo dell'organismo.

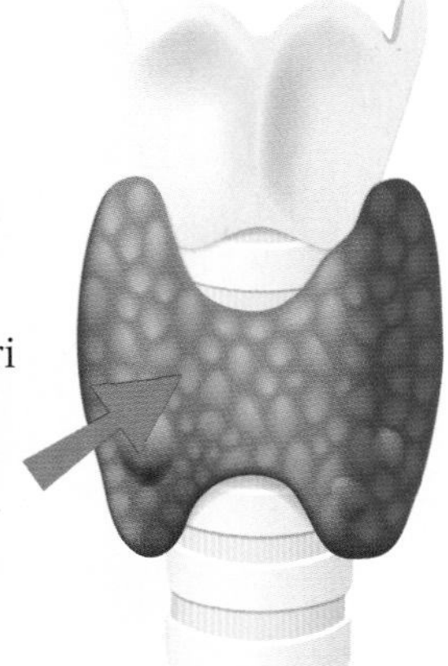

Attenzione!

Agenti patogeni di infezioni intestinali

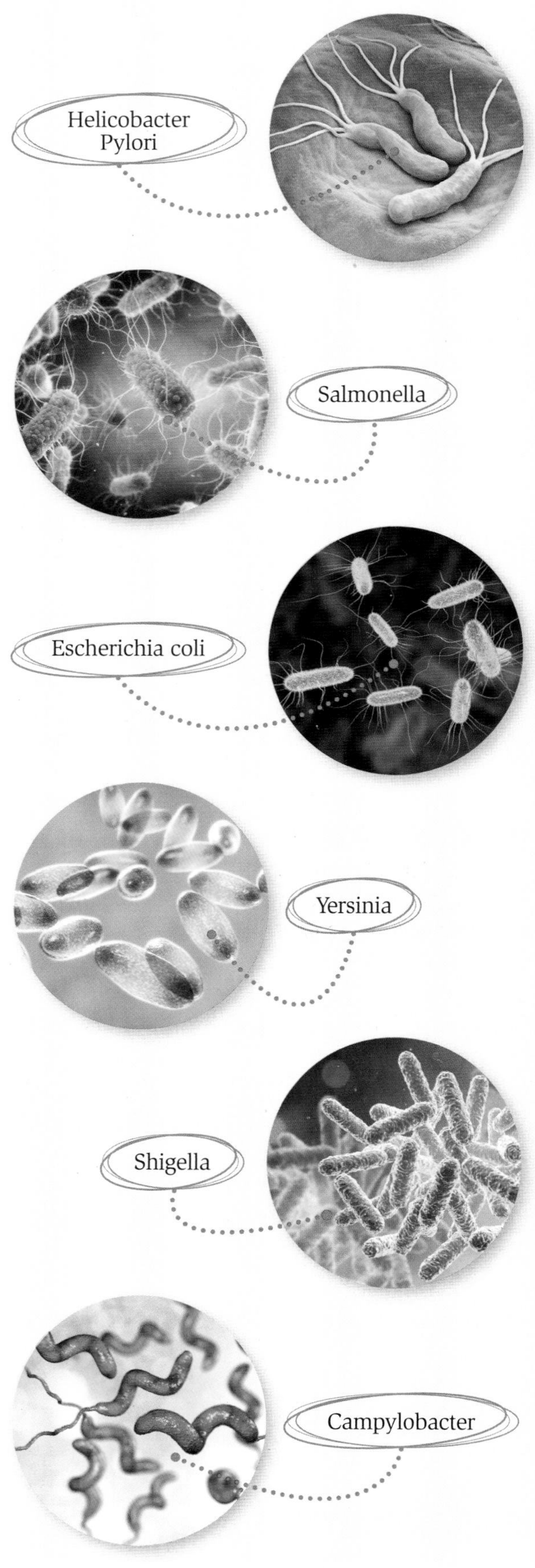

3c **Rileggi i testi dell'esercizio 2 e scrivi gli organi, con le loro parti e funzioni, al posto giusto.**

APPARATO DIGERENTE **(assunzione ed elaborazione del cibo)**	APPARATO RESPIRATORIO **(scambi tra ossigeno dell'aria e corpo umano)**	SISTEMA NERVOSO **(trasmette segnali per coordinare funzioni e azioni del corpo)**	APPARATO URINARIO **(produzione ed eliminazione dell'urina)**	SISTEMA CIRCOLATORIO **(trasporta i fluidi, come sangue e linfa, che nutrono le cellule)**

ROLE play

A coppie. Lo studente A è un medico e lo studente B un giornalista. Lo studente B intervista lo studente A su un sistema o un apparato del corpo umano. Chiede:

- da cosa è composto
- qual è la sua funzione
- quali sono le sue parti

Poi i ruoli si invertono.

GLOSSARIO ALFABETICO

anidride carbonica ______
apparato ______
cavità ______
depurazione ______
digerire ______
espellere ______
filtrare ______
funzione ______
ghiandola ______
metabolismo ______
organo ______
secernere ______
sistema ______

4 **Trova 29 parole del corpo umano nello schema e leggi il nome del più grande ospedale italiano per posti letto.**

N	P	O	P	O	P	L	I	T	E	T	S
U	L	G	I	N	O	C	C	H	I	O	O
C	A	V	I	G	L	I	A	I	C	R	P
A	G	A	A	S	P	A	L	L	A	A	R
T	L	D	V	M	A	N	O	L	I	C	A
E	U	D	A	N	C	A	N	I	C	E	C
S	T	O	M	A	C	O	N	A	S	O	C
T	E	M	B	Z	I	G	O	M	O	O	I
A	O	E	R	P	O	L	S	O	S	A	G
N	T	P	A	L	P	E	B	R	A	O	L
B	O	C	C	A	C	I	G	L	I	A	I
O	R	E	C	C	H	I	O	D	I	T	O
N	A	R	I	C	E	L	A	B	B	R	O
R	S	P	O	L	L	I	C	E	O	L	A
A	N	U	L	A	R	E	M	A	L	P	I
G	H	I	F	R	O	N	T	E	D	I	B
O	L	O	U	N	G	H	I	A	G	N	A

_ _ _ _ _ _ _ _ _ _ _ _ _

_ _ _ _ ' _ _ _ _ _ _ _ _ - _ _ _ _ _ _ _ _ _ _

_ _ _ _ _ _ _ _ _ _ _

2 Sistemi e apparati

Secondo la distinzione convenzionale:
- un **sistema** è formato da organi con lo stesso tipo di tessuto;
- un **apparato** è un insieme di organi che svolgono compiti simili, ma sono formati da tessuti diversi.

APPARATO CARDIOVASCOLARE

È costituito, fondamentalmente, da tre elementi: il **sangue**, i **vasi sanguigni** (principalmente vene, arterie, capillari) e il **cuore**.

Il sangue

È un tessuto fluido costituito da elementi cellulari (globuli rossi, globuli bianchi e piastrine) sospesi in un liquido (plasma). I **globuli rossi** (Eritrociti) sono cellule prive di nucleo, sono prodotti dal midollo osseo e la loro funzione principale è trasportare, grazie all'emoglobina che contengono, ossigeno e anidride carbonica. I **globuli bianchi** (divisi in Granulociti, Monociti e Linfociti) vengono creati nel midollo osseo, nelle ghiandole linfatiche e nella milza. Principalmente, hanno la funzione di difendere l'organismo da qualsiasi agente patogeno, distruggendolo o creando anticorpi. Le **piastrine** hanno come obiettivo principale quello di creare un "tappo" nei vasi sanguigni per bloccare i sanguinamenti e stabilizzare la coagulazione. Il **plasma** è la parte liquida del sangue: è costituito da acqua (circa il 90%) nella quale si trovano sostanze essenziali per l'organismo, come proteine, ormoni o sali minerali.
Tra le molteplici funzioni del sangue:

1 portare ossigeno dai polmoni ai tessuti e anidride carbonica dai tessuti ai polmoni;
2 distribuire le sostanze nutritive;
3 trasportare enzimi e ormoni verso organi e tessuti specifici;
4 difendere il corpo da tossine e agenti patogeni;
5 ricevere tossine prodotte da infezioni o altro e consegnarle al fegato e ai reni, dove queste vengono inattivate o espulse;
6 regolare la temperatura del corpo.

I vasi sanguigni principali

Arterie: partono dal cuore e portano il sangue ai vari organi. Sono costituite da tre strati o *tonache*: intima, media e avventizia. Tutte trasportano sangue ricco di ossigeno, ad eccezione delle arterie polmonari, cariche invece di anidride carbonica. Le principali sono l'**aorta** (la più grande, trasporta ossigeno a tutti gli organi), le **carotidi** (che vascolarizzano testa e collo), le **femorali** (nella coscia, vascolarizzano la regione pelvica e gli arti inferiori), le **arterie sistemiche** (collegate a tutti gli organi e tessuti) e le **arterie polmonari** che trasportano il sangue carico di anidride carbonica dal cuore ai polmoni.

Vene: portano al cuore il sangue carico di anidride carbonica e povero di ossigeno. Fanno eccezione le vene polmonari, ricche di ossigeno. Quelle principali sono la **vena cava superiore** (che riguarda gli organi e gli arti superiori del corpo, cioè sopra il diaframma), la **vena cava inferiore** (che riguarda gli organi e gli arti inferiori del corpo, cioè sotto il diaframma) e le **vene polmonari**.

Capillari: sono i vasi sanguigni più piccoli. Si diramano da vene e arterie e sono importantissimi perché qui avvengono tutti gli scambi necessari a garantire il rifornimento di ossigeno e le sostanze nutritive ai tessuti.

1 Rileggi il testo, guarda bene l'illustrazione e prova a scrivere le parole al posto giusto.

- tonaca media
- plasma
- arteria
- globulo bianco
- piastrina
- tonaca avventizia
- globulo rosso
- tonaca intima

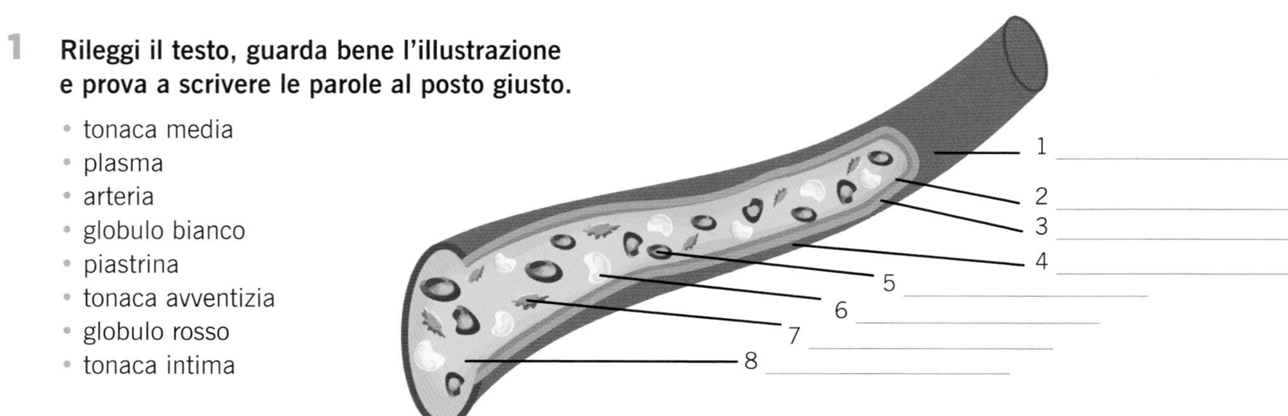

Il cuore

È un organo cavo ed è la pompa muscolare che fa muovere la circolazione sanguigna. Si trova nel torace, dietro lo sterno, appoggiato sul diaframma.
È diviso in **quattro camere**: **due atri** e **due ventricoli**, divisi da pareti chiamate **setti**.
È formato da tessuti sovrapposti: il **pericardio** (una sacca con del siero che lo protegge), l'**epicardio** (una membrana che lo riveste), il **miocardio** (la parte muscolare del cuore) e l'**endocardio**, la membrana che riveste le cavità interne.
Ha **quattro valvole** che assicurano che il sangue non torni indietro: la valvola **aortica** (tra il ventricolo sinistro e l'aorta), la valvola **mitrale** (o **mitralica**) (tra atrio e ventricolo sinistro), la valvola **polmonare** (tra ventricolo destro e arteria polmonare) e la valvola **tricuspide** (tra atrio e ventricolo destro).

2a (5) **Ascolta e osserva le parti del cuore.**

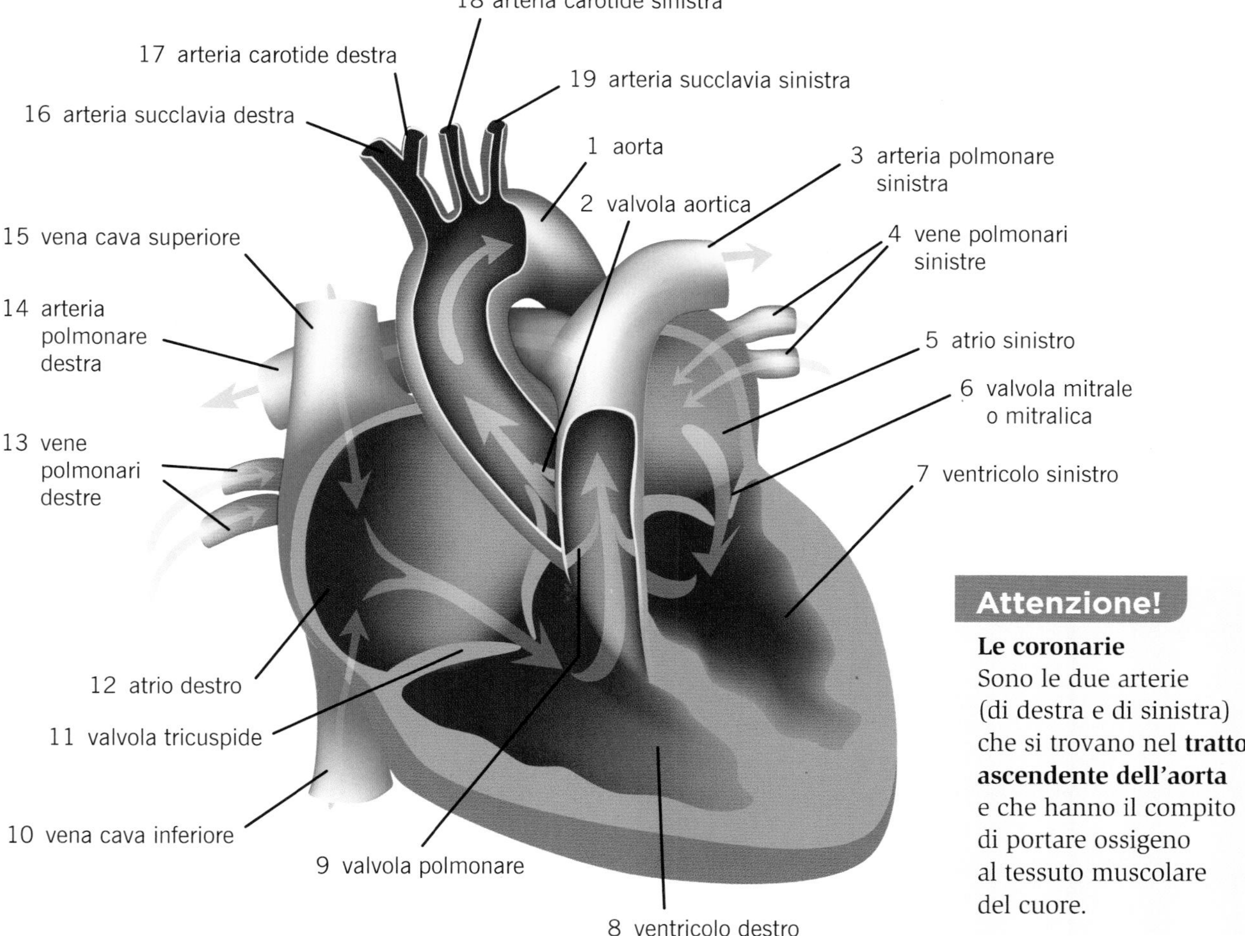

Attenzione!

Le coronarie
Sono le due arterie (di destra e di sinistra) che si trovano nel **tratto ascendente dell'aorta** e che hanno il compito di portare ossigeno al tessuto muscolare del cuore.

2b Completa le frasi con le parole dell'esercizio 2a.

1 L'__________ trasporta ossigeno a tutti gli organi.
2 La valvola dell'aorta si chiama valvola __________.
3 La valvola mitrale si chiama anche valvola __________.
4 Le vene polmonari sono destre e __________.
5 Vicino alle arterie carotidi ci sono le arterie __________.
6 La vena cava è divisa in superiore e __________.

ROLE play

A coppie. Lo studente A è un cardiologo e lo studente B un paziente che soffre di insufficienza mitralica (la valvola mitralica ha un difetto di chiusura e il sangue finisce nell'atrio sinistro invece che nell'aorta e questo provoca affaticamento e disturbi respiratori). Per spiegare il problema, il cardiologo illustra al paziente l'anatomia del cuore, disegnandola anche.

Poi i ruoli si invertono.

Principali vene e arterie

3 (6) **Ascolta, memorizza e ripeti.**

■ = arterie

■ = vene

1 arteria carotidea interna
2 arteria carotidea esterna
3 vena giugulare interna
4 vena giugulare esterna
5 arteria succlavia
6 vena succlavia
7 aorta
8 vene polmonari
9 arterie polmonari
10 vena cava superiore
11 vena cava inferiore
12 aorta discendente
13 vena basilica
14 arteria brachiale
15 vena cefalica
16 vena epatica
17 arteria renale
18 vena iliaca comune
19 arteria iliaca comune
20 arteria femorale
21 vena femorale
22 arteria tibiale anteriore
23 vena dorsale del piede
24 arteria dorsale del piede

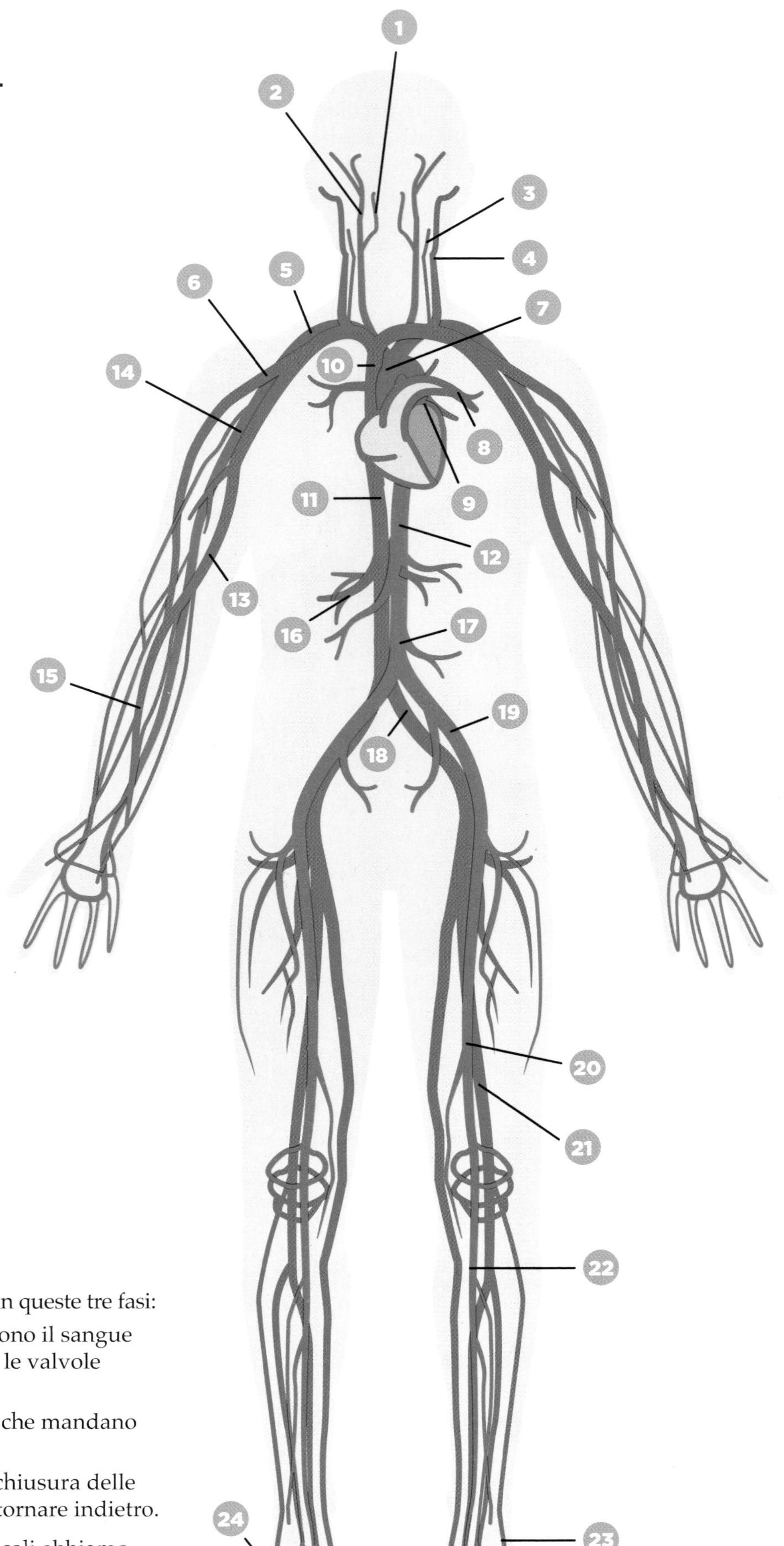

Il ciclo cardiaco

Possiamo riassumere il ciclo cardiaco in queste tre fasi:

1 la contrazione degli atri, che spingono il sangue nei ventricoli (rilasciati) attraverso le valvole cardiache;
2 la contrazione dei ventricoli pieni, che mandano il sangue nelle arterie;
3 lo svuotamento dei ventricoli e la chiusura delle valvole per impedire al sangue di tornare indietro.

Quando il cuore contrae atri o ventricoli abbiamo le **sistole**, quando rilascia atri o ventricoli abbiamo le **diastole**.

IL SISTEMA SCHELETRICO

4 7 **Ascolta e scrivi le parole vicino all'osso giusto.**

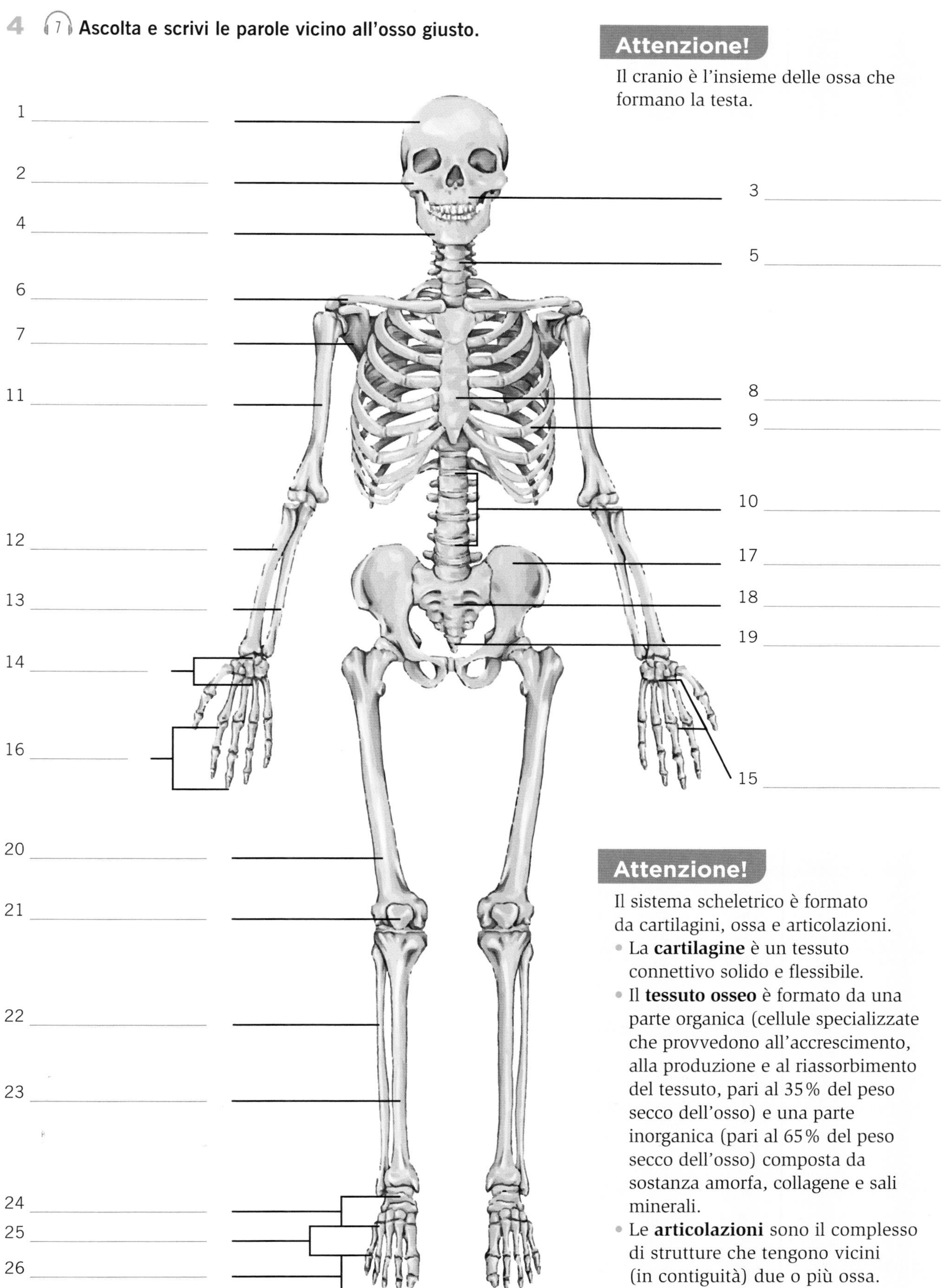

Attenzione!

Il cranio è l'insieme delle ossa che formano la testa.

Attenzione!

Il sistema scheletrico è formato da cartilagini, ossa e articolazioni.

- La **cartilagine** è un tessuto connettivo solido e flessibile.
- Il **tessuto osseo** è formato da una parte organica (cellule specializzate che provvedono all'accrescimento, alla produzione e al riassorbimento del tessuto, pari al 35% del peso secco dell'osso) e una parte inorganica (pari al 65% del peso secco dell'osso) composta da sostanza amorfa, collagene e sali minerali.
- Le **articolazioni** sono il complesso di strutture che tengono vicini (in contiguità) due o più ossa.

IL SISTEMA MUSCOLARE

5 8 **Ascolta e completa l'elenco di alcuni tra i muscoli principali.**

bicipite — grande dorsale — sartorio — deltoide — semimembranoso — soleo — sternocleidomastoideo

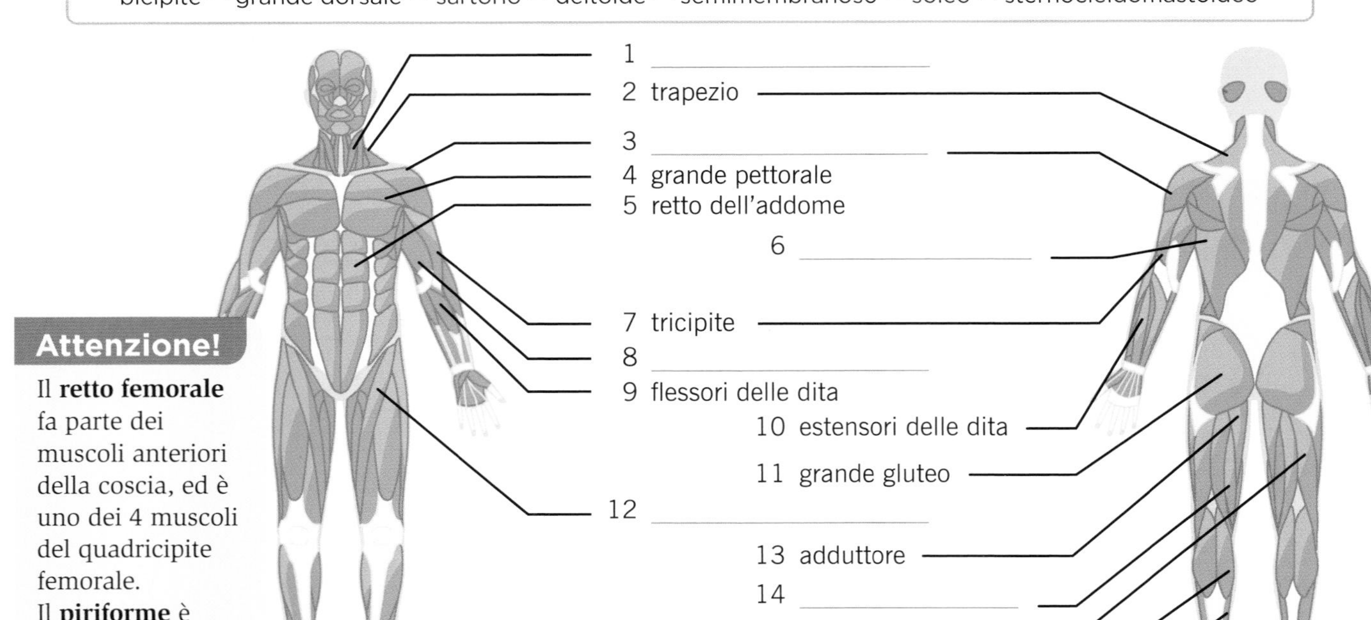

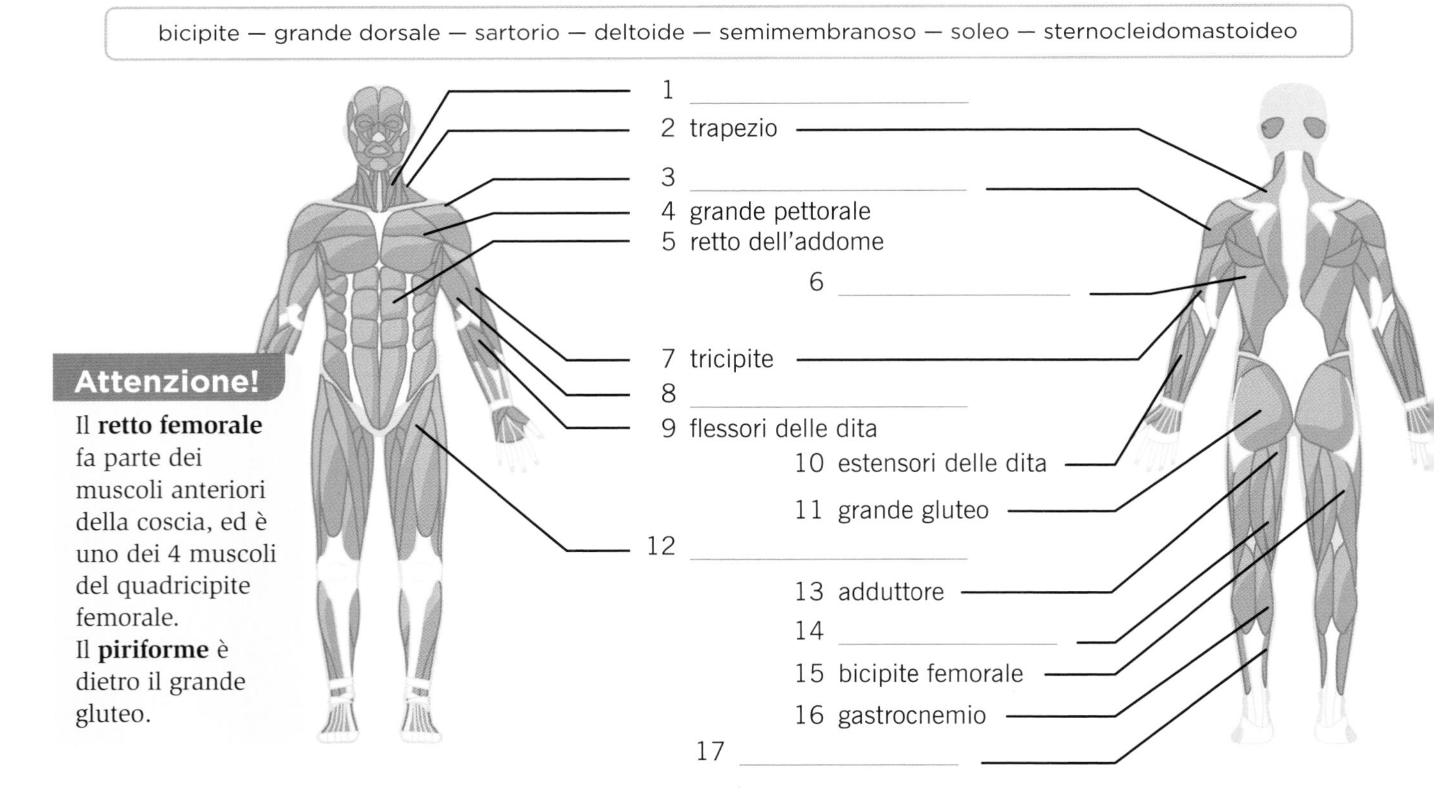

Attenzione!
Il **retto femorale** fa parte dei muscoli anteriori della coscia, ed è uno dei 4 muscoli del quadricipite femorale.
Il **piriforme** è dietro il grande gluteo.

In generale, i muscoli possono essere suddivisi in **volontari** e **involontari** (in base alla loro azione) e in **striati** e **lisci** (in base alla loro struttura).
I muscoli involontari si contraggono autonomamente e sono muscoli lisci. Tra questi, ad esempio, ci sono i muscoli degli organi, come quelli dello stomaco o dell'occhio. In pratica si contraggono grazie a fibre nervose autonome.
I muscoli volontari, invece, si contraggono in base a "un comando" e sono sotto il controllo del **sistema nervoso centrale e periferico**. La **contrazione** avviene quando uno stimolo nervoso fa scorrere una sull'altra le fibre di un muscolo. Questo crea una forza che, attraverso il **tendine**, arriva all'osso e lo muove.
Il **muscolo cardiaco** (miocardio): è un muscolo involontario, ma è striato ed è molto più resistente di ogni altro, perché si contrae continuamente per tutta la vita. Le fibre muscolari sono riunite in **fasci** e sono rivestite da una membrana.
Il **tendine** è fatto di collagene e unisce il muscolo all'osso.

6 **Immagina: sei un/una fisioterapista e arrivano due pazienti con forti dolori muscolari. Secondo te, quali muscoli possono far male a...**

1 ... una persona che fa jogging?

____

2 ... una persona che lavora in ufficio?

____

ROLE play

In gruppi di tre. Impersonate a turno il/la fisioterapista e i due pazienti dell'esercizio 6. Create dei dialoghi con i suggerimenti qui sotto o frasi a vostra scelta.

PAZIENTI	FISIOTERAPISTA
Mi fa molto male una gamba dopo una corsa	*Credo sia il... infiammato. Ti fa male qui?*
Ho un gran male al braccio.	*Hai sforzato troppo il...*
Ho un forte mal di schiena, soprattutto qui, sotto la spalla destra.	*È sicuramente il..., ma forse anche il... sembra compromesso.*

Registrate i dialoghi e confrontatevi con la classe per correggere eventuali errori.

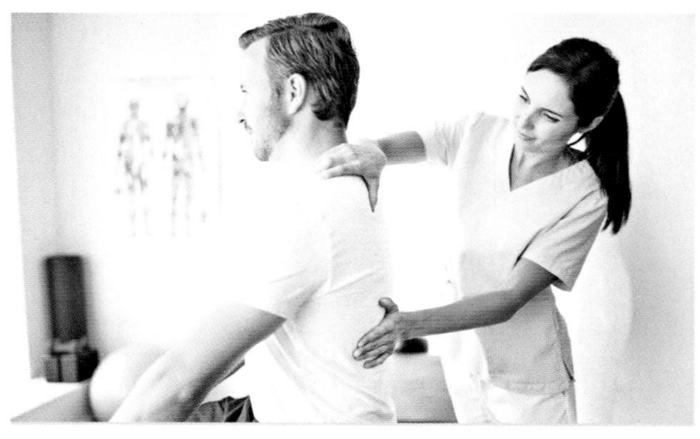

IL SISTEMA NERVOSO

Serve a mettere in comunicazione le diverse parti dell'organismo, coordinando le loro azioni, volontarie o involontarie. Si divide in **sistema nervoso centrale** e **sistema nervoso periferico**.

Sistema nervoso centrale

È formato dal **cervello** e dal **midollo spinale**. Raccoglie le informazioni che arrivano dal sistema nervoso periferico, le rielabora e le ridistribuisce nell'organismo attraverso lo stesso sistema periferico.

Il cervello

È responsabile di funzioni molto complesse, tra cui elaborare le informazioni date dai cinque sensi (vista, udito, gusto, tatto, olfatto), parlare, muoversi ma anche ragionare, imparare e sentire emozioni. Si divide in **due emisferi** (il destro e il sinistro, collegati da un corpo calloso, cioè un fascio di fibre che trasmette le informazioni tra le due parti) e in **quattro lobi**, ciascuno con funzioni specifiche.

Ecco, in sintesi, le funzioni principali che dipendono dai quattro lobi del cervello.

Lobo frontale: linguaggio, scrittura, emozioni e comportamento, movimento del corpo.

Lobo parietale: percezione sensoriale del tatto, della vista, del dolore, della temperatura.

Lobo occipitale: interpretazione delle immagini visive, come i colori o il movimento.

Lobo temporale: memoria, organizzazione, capacità uditive.

7 9 **Ascolta e osserva questa sintetica rappresentazione del cervello.**

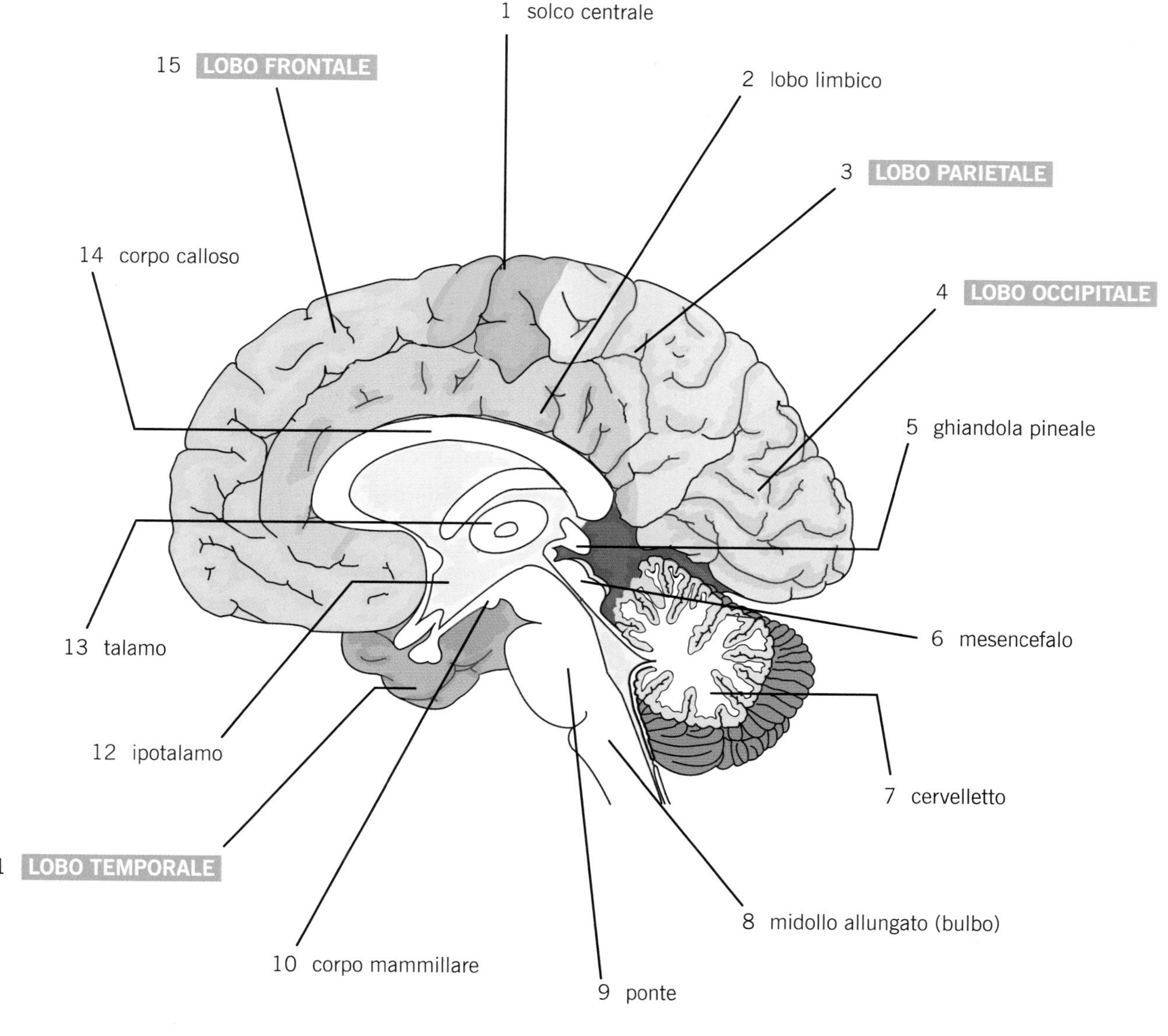

8 **Alcune parole relative al cervello hanno le lettere in disordine. Mettile a posto leggendo quelle nel riquadro.**

ipotalamo — pineale — encefalico — amigdala

- **a-i-a-m-l-a-g-d** ____________: è formata da diversi agglomerati chiamati nuclei. Regola gli stimoli dati dai cinque sensi, la memoria, le emozioni e i processi decisionali.
- **Cervelletto:** coordina i movimenti, l'equilibrio e le funzioni cognitive.
- **Ghiandola a-p-e-i-l-n-e** ____________: detta anche epìfisi, fa parte dell'epitalamo. Produce la melatonina che regola il ritmo sonno-veglia.
- **Ipofisi:** è una ghiandola endocrina molto importante, perché i suoi ormoni regolano l'attività di altre ghiandole indispensabili.
- **m-o-i-a-t-a-p-o-l** ____________: attiva e controlla l'attività endocrina, la termoregolazione, il sonno e l'assunzione del cibo.
- **Mesencefalo:** controlla i movimenti degli occhi.
- **Talamo:** trasporta contenuti emozionali derivanti dalla percezione dei cinque sensi e regola il movimento.
- **Tronco e-i-c-n-e-f-o-a-c-l** ____________: è composto da mesencefalo, bulbo e midollo e si collega al midollo spinale. Regola funzioni importantissime, come il respiro o la circolazione sanguigna.

9 **Vero (V) o Falso (F)? Rispondi.**

1 Il sistema nervoso mette in comunicazione le diverse parti dell'organismo. ____
2 Il cervello ha due emisferi, il destro e il sinistro. ____
3 L'interpretazione delle immagini visive è regolata dal lobo temporale. ____
4 Il lobo frontale regola le emozioni e il comportamento. ____
5 I processi decisionali sono regolati dall'amigdala. ____
6 L'ipofisi è una la ghiandola endocrina molto importante. ____
7 Il mesencefalo controlla il movimento degli arti. ____
8 L'ipotalamo controlla la termoregolazione. ____
9 La melatonina è prodotta dalla ghiandola pineale. ____

ROLE play

A coppie. Uno/a di voi è un medico neurologo e uno/a di voi un/una giornalista del programma tv "In buona salute".
Rileggete il testo sul cervello e organizzate un'intervista di 5 domande su:
- funzione del cervello
- parti del cervello
- funzioni dei lobi
- funzioni di altre parti del cervello
- una domanda a vostra scelta

Poi scambiatevi i ruoli.
Registrate le interviste e confrontatevi con la classe per correggere insieme eventuali errori.

Il midollo spinale

È una struttura cilindrica che si trova nella colonna vertebrale e può essere considerato come un prolungamento del cervello. Lungo il midollo scorrono le informazioni dirette al cervello e quelle trasmesse dal cervello all'organismo, oltre al controllo di alcuni riflessi muscolo-scheletrici.

Il sistema nervoso periferico

È formato da tutti gli altri **gangli nervosi** e **nervi** del corpo umano. Si divide in **sistema nervoso autonomo** e **sistema nervoso somatico**. Il primo si occupa dei muscoli lisci degli organi e delle ghiandole; il secondo, invece, controlla i movimenti volontari e raccoglie le informazioni dagli organi di senso.

Tra le sue funzioni:
- portare le informazioni dalla pelle, dai muscoli o dagli organi di senso al sistema nervoso centrale;
- controllare i muscoli;
- connettere il sistema nervoso centrale alla periferia del corpo e agli organi interni.

L'APPARATO RESPIRATORIO

È l'insieme degli organi che permettono gli scambi gassosi tra l'ossigeno dell'ambiente e il sangue del nostro corpo. Apparato respiratorio e sistema circolatorio, quindi, sono strettamente connessi. La **respirazione** consiste nell'assumere ossigeno dall'ambiente ed eliminare anidride carbonica e avviene in due fasi: **inspirazione** ed **espirazione**. Nell'inspirazione l'aria arriva fino negli alveoli polmonari, nella seconda i polmoni espellono l'aria.

10a (10) Osserva e ascolta due volte.

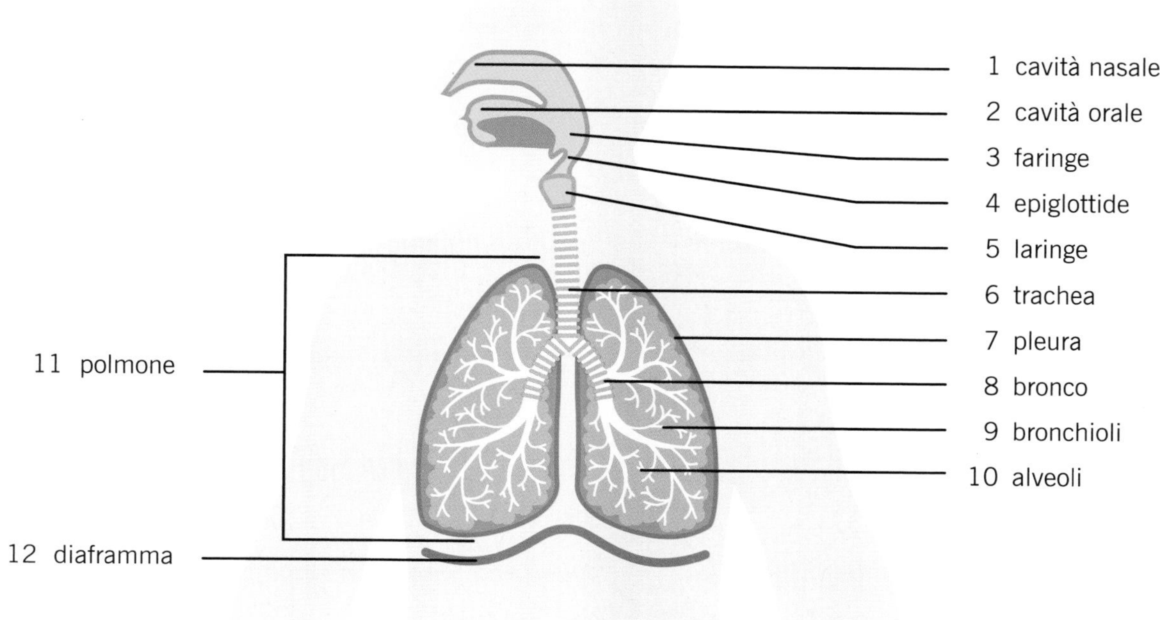

10b Ora completa il testo con i nomi dell'esercizio 10a.

I ________________ sono i due organi preposti alla ematosi, processo durante il quale danno ossigeno al sangue eliminando l'anidride carbonica. Il loro compito principale, infatti, è ricevere dalla circolazione sanguigna il sangue con l'anidride carbonica, ripulirlo e poi inviarlo al cuore che, infine, lo manda a tutto l'organismo. Sono avvolti dalla ________________, che è una membrana sierosa che permette loro di scorrere sulle pareti della cavità polmonare e, quindi, di espandersi quando incamerano ossigeno (inspirazione). Tutto il processo, però, inizia dal naso: le cellule della ________________ producono acqua e muco, in modo da scaldare e umidificare l'aria inspirata, per non danneggiare i ________________. Dalla cavità nasale, l'aria passa alla ________________: a forma di imbuto, trasporta aria ai polmoni e cibo all'apparato digerente. Lì dove il canale per l'aria e quello per il cibo si separano, si trova l'________________, una membrana che impedisce al cibo di arrivare ai polmoni. Arrivata alla________________, l'aria inspirata… ci fa parlare. Nella ________________, infatti, si trovano le corde vocali, che vibrano al passaggio dell'aria, producendo parole. La ________________, sotto, è un tubo di anelli di cartilagine a forma di C: le sue "ciglia vibratili" allontanano con il classico "colpo di tosse" i corpi estranei nell'aria.
La ________________ si divide in due ________________: uno va al polmone sinistro e l'altro al destro. I due ________________ si dividono in tanti rami sempre più piccoli, chiamati ________________, che terminano negli ________________, piccole vesciche avvolte da capillari.

L'APPARATO DIGERENTE

È costituito dagli organi che si occupano dell'assunzione ed elaborazione del cibo e dello smaltimento dei residui (le parti di cibo non digerite). È formato da bocca, epiglottide, faringe, esofago, stomaco, fegato, pancreas e intestino (diviso in tenue e crasso).

11a (11) **Guarda l'illustrazione e ascolta.**

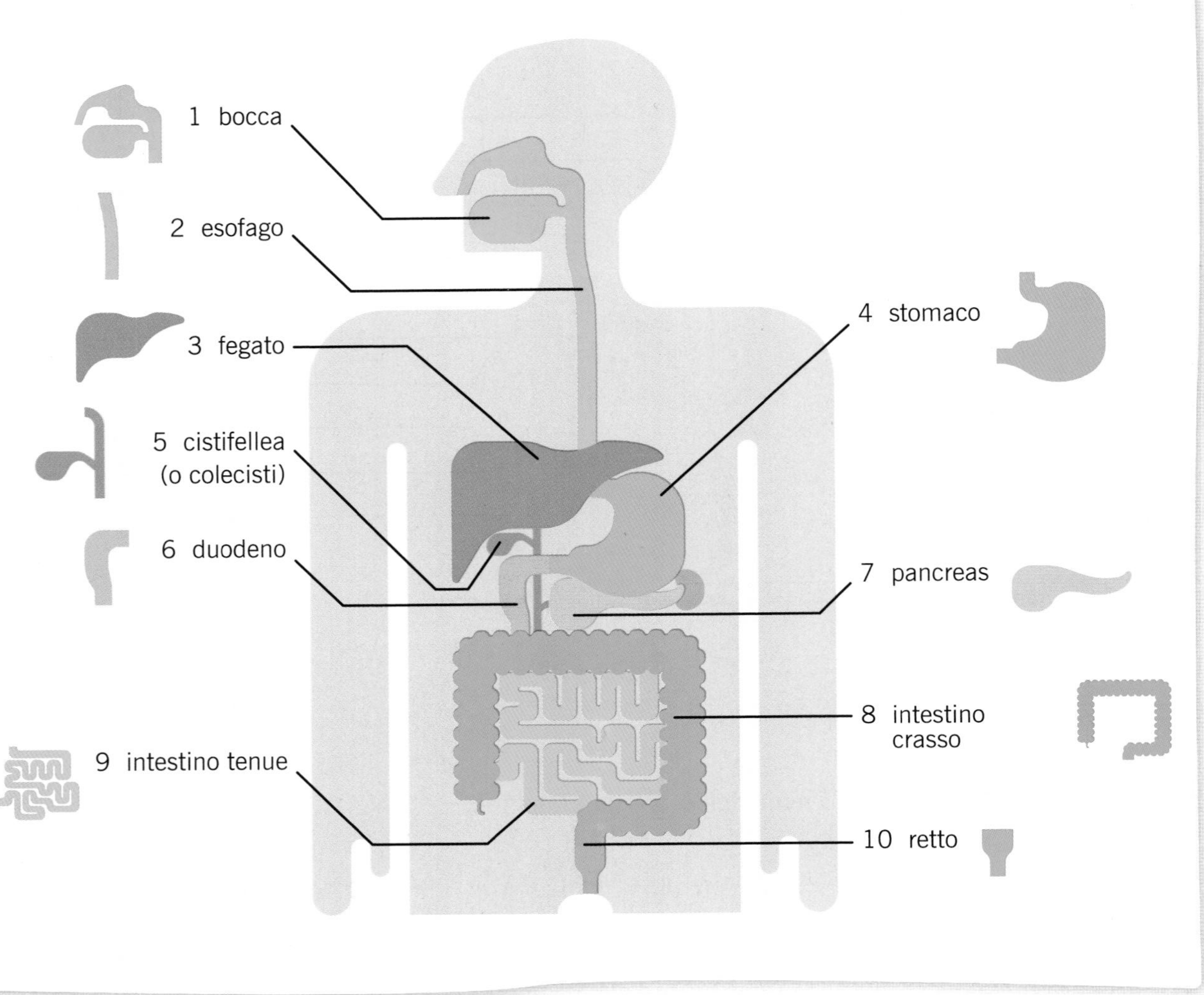

11b (12) **Ora ascolta e completa i testi.**

La bocca
Relativamente all'apparato digerente, è la parte iniziale, quella che collega l'ambiente esterno all'organismo. È composta da una porzione ____________________ (sopra) e una ____________________ (sotto), dotate di denti la cui funzione principale è quella di masticare il cibo.

L'____________________ (vedi anche pagina 19)
È formata da una cartilagine elastica. Durante la deglutizione, ____________________ sull'apertura della laringe per evitare che il cibo masticato e la saliva arrivino nelle vie aeree (cosa che accade quando il cibo "va di ____________________").

La faringe (vedi anche pagina 19)

È il primo tratto del tubo digerente: con la ______________________, riceve dalla bocca il bolo alimentare (cibo masticato e in parte digerito dagli enzimi della ______________________) e lo porta all'esofago. È di natura muscolo-______________________.

L'esofago

Anch'esso di natura muscolo-mucosa, contraendosi porta il ______________ alimentare allo stomaco.

Lo stomaco

È l'organo che raccoglie il bolo alimentare, lo rimescola e lo ______________________ ulteriormente grazie all'azione dei succhi ______________________. Tra stomaco ed esofago c'è una ______________________ nota come cardias; sotto, invece, lo stomaco si collega all'intestino tenue con il piloro, che regola l'accesso all'intestino.

Il fegato

È la nostra ______________________ più grande. Relativamente all'apparato digerente, tra le sue funzioni principali, facilita la trasformazione del cibo con l'______________________ dei grassi, ______________________ glucosio, trigliceridi e colesterolo e controlla il ______________________ delle proteine. Inoltre, immagazzina vitamina B12, glucosio, ferro e rame.

Il pancreas

È una ghiandola e il succo ______________________ che secerne, contiene enzimi indispensabili per la digestione. La secrezione del pancreas è endocrina (il succo va direttamente nel sangue) ed esocrina (si raccoglie in una cavità o viene rilasciato all'esterno).

L'intestino tenue

È la parte più lunga dell'intestino (circa sette metri) e si divide in tre porzioni: duodeno, digiuno e ileo. All'interno, ha una ______________________ ricoperta di villi intestinali, che assorbono i ______________________, e di pliche circolari, che ne ampliano la superficie, facilitando così i compiti ______________________.

L'intestino crasso

È la parte finale dell'intestino e dell'apparato digerente. Va dalla valvola ileo-cecale all'orifizio dell'ano. La sua funzione è ______________________ la digestione mediante ______________________, fermentazione ed ______________________ del cibo che poi, attraverso il ______________________, arriva all'ano e ne esce come ______________________.

12 **A coppie. Rileggete i testi dell'esercizio 11b e scrivete i punti secondo voi fondamentali del percorso del cibo dalla bocca all'intestino. Poi confrontatevi con le altre coppie:**

- **cosa avete scritto in comune?**
- **secondo la classe, quale parte del processo digestivo è più delicata/importante/difficile...?**

L'APPARATO RIPRODUTTIVO

13 (13) **Ascolta e scrivi le parole al posto giusto.**

cervicale — deferente — endometrio — ovaio* — ovarico — glande — testicolo — tuba — uretra — urinaria — vescicola

ovaio o ovaia

FEMMINILE

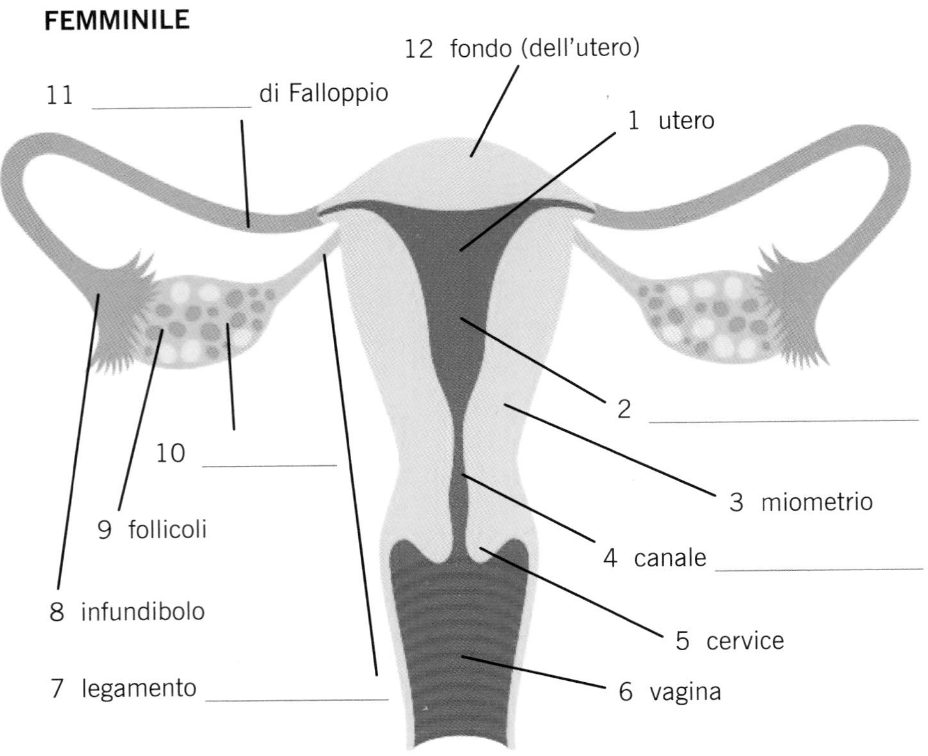

Nella donna

Nell'apparato femminile, le due ovaie sono ghiandole che, oltre a produrre gli ovuli, secernono gli ormoni che regolano la vita riproduttiva femminile.
Le tube di Falloppio, dette in molti modi, mettono in comunicazione le ovaie (che producono gli ovociti, le cellule riproduttive femminili) e l'utero, (dove avvengono l'impianto e la maturazione dell'ovulo fecondato). L'utero accoglie poi l'ovulo fecondato e lo fa sviluppare. Funzione principale della vagina è ricevere lo sperma al momento dell'atto sessuale ed espellere feto e placenta al momento del parto, oltre a permettere il passaggio del flusso mestruale e delle secrezioni uterine.

MASCHILE

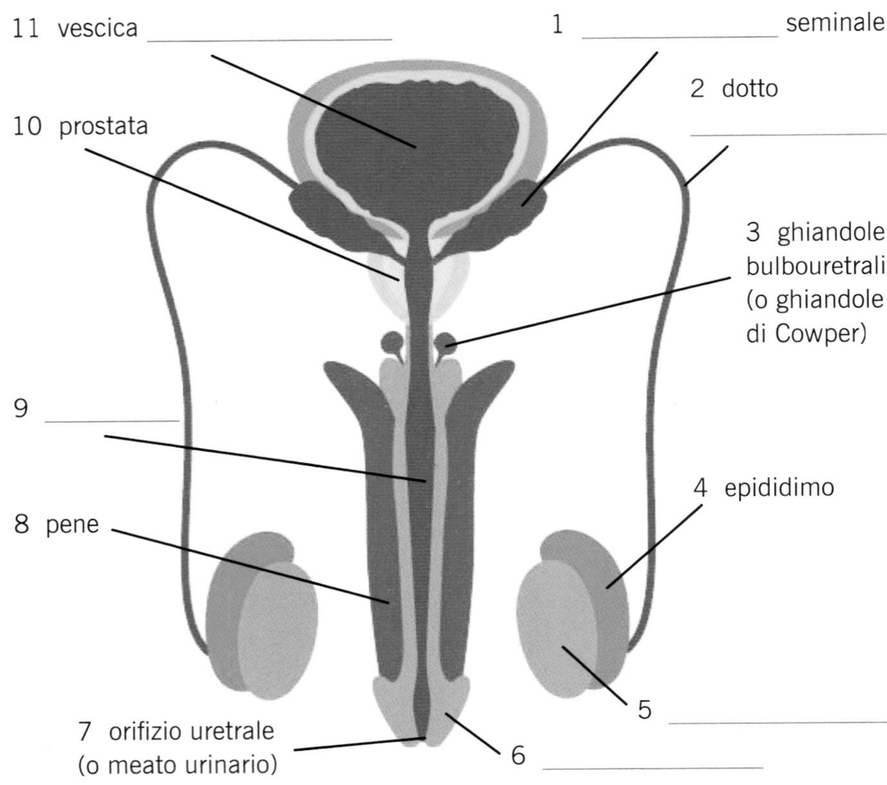

Nell'uomo

Il pene (organo riproduttivo maschile) ha ai lati le ghiandole sessuali maschili (i testicoli) e culmina nel glande, dove si apre l'orifizio che manda all'esterno sperma e urina. Generalmente, nel glande la pelle forma una piega, chiamata prepuzio. Le vescicole seminali sono ghiandole presenti solo nell'uomo: secernono una sostanza vischiosa che, insieme alle secrezioni di prostata e ghiandole bulbouretrali e agli spermatozoi prodotti dai testicoli, formano lo sperma. Durante l'eiaculazione, lo sperma viene trasferito dal dotto deferente all'uretra, la quale raccoglie i fluidi dalle ghiandole sessuali.

14 Vero (V) o falso (F)? Rispondi.

1 Le ovaie sono ghiandole. ______
2 Le tube di Falloppio mettono in comunicazione ovaie e utero. ______
3 L'utero produce gli ovociti da fecondare. ______
4 Le ovaie producono gli ovociti. ______
5 L'utero espelle il feto. ______
6 Il meato uretrale manda fuori sperma e urina. ______
7 Nel glande c'è una piega di pelle. ______
8 I testicoli sono ghiandole. ______
9 Lo sperma viene trasferito dal dotto deferente ai testicoli. ______
10 Il prepuzio secerne una sostanza vischiosa. ______

GLOSSARIO ALFABETICO

amorfo/a ______
cavo/a ______
coagulazione ______
contrarre ______
diaframma ______
fibra ______
ganglio ______
immagazzinare ______
membrana ______
nutritivo/a ______
percezione ______
rielaborare ______
rilasciare ______
sacca ______
siero ______
stimolo ______
tossina ______
vascolarizzare ______

L'APPARATO URINARIO

Serve a produrre ed eliminare l'urina.

15a 14 **Ascolta.**

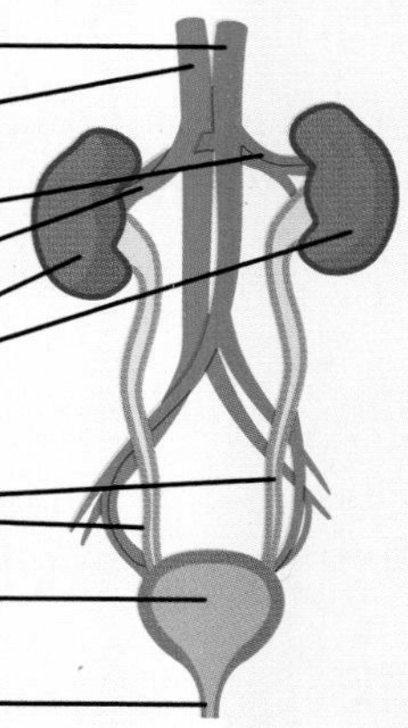

1 aorta addominale
2 vena cava inferiore
3 arteria renale
4 vena renale
5 reni
6 ureteri
7 vescica urinaria
8 uretra

15b Ora completa il testo con le parole dell'esercizio 15a.

I ______________ sono due, posizionati ai lati della colonna vertebrale nelle "fosse lombari", cioè per il ______________ destro la zona sotto al fegato e per il rene sinistro la zona dietro la milza. Sono gli organi principali per la produzione dell'urina. Questa passa attraverso gli ______________ (due dotti muscolo-mucosi) e arriva fino alla ______________ urinaria: quando la parte muscolare degli ureteri si contrae, l'urina viene immessa nella vescica. Una valvola negli ureteri impedisce all'urina di risalire verso i reni. La vescica urinaria, che raccoglie l'urina, nelle donne si trova davanti all'utero, negli uomini, invece, davanti al retto. L'______________, infine, è un canale che arriva fino l'orifizio uretrale: abbiamo visto a pagina 22 che, nell'uomo, trasporta anche lo sperma.

3 L'ospedale

COS'È L'OSPEDALE?

L'ospedale è una struttura dove del personale specializzato cura i pazienti che hanno malattie che non possono essere trattate a domicilio. Ci sono tanti tipi di ospedale ma, in generale, possiamo dire che l'ospedale può essere **pubblico**, cioè un'azienda ospedaliera che fa parte del Servizio Sanitario Nazionale (SSN) o **privato** e, in questo caso, convenzionato o meno con il SSN. Generalmente è organizzato in:

- **dipartimenti**, classificati in base al tipo di personale che ci lavora e al tipo di cura che vi si svolge, come il Dipartimento Cardiovascolare, Neurochirurgico, Oncologico…;
- **dipartimenti dei Servizi**, che danno un supporto tecnico alle cure mediche, come quello di Diagnostica per immagini (radiologia), o di Diagnostica di laboratorio (analisi).

L'ospedale pubblico

È una struttura del Servizio Sanitario Nazionale che offre **diagnosi**, **cura** e **riabilitazione**. Questo può avvenire in:

- **regime ambulatoriale**, con esami clinici, visite e interventi chirurgici semplici. Il malato entra in ospedale ed esce subito dopo l'analisi o il piccolo intervento;
- **regime di ricovero**, in cui il paziente trascorre dei giorni in ospedale: dal semplice ricovero diurno in Day Hospital, fino al ricovero ordinario, che dura più giorni e termina quando il paziente è in grado di proseguire le cure a casa.

Per il regime ambulatoriale il paziente – a meno che non sia esente – deve pagare il **ticket sanitario**, cioè una parte del costo totale di un esame o prestazione medica (il resto è pagato dal SSN). Il ticket si paga anche in farmacia per alcune medicine. Il regime di ricovero, sempre dietro presentazione di impegnativa, è gratuito.

Attenzione!

L'impegnativa e le ricette

Sono, in pratica, lo stesso documento. Se il medico scrive solo il nome della medicina da comprare in farmacia, si chiama "ricetta". Se, invece, prescrive una visita specialistica o un ricovero, si chiama "impegnativa". Esistono vari tipi di ricette. Ecco, molto sinteticamente, i più comuni:

- **Ricetta rossa**: serve per farmaci a carico del SSN (di fascia A). In alcuni casi, con questa ricetta, il farmaco è pagato completamente dallo Stato. Ha la validità di un mese e può essere usata solo per il quantitativo prescritto dal medico.
- **Ricetta bianca**: è quella che il medico compila sul proprio ricettario e i medicinali non sono rimborsabili dal SSN (fascia C). In genere è ripetibile: un farmaco può essere comprato fino a 10 volte in 6 mesi.
- **Ricetta elettronica**: viene emessa online e, quasi sempre, può sostituire la ricetta rossa cartacea.

IL TICKET SANITARIO

Si paga per:
- prestazioni specialistiche (visite, esami strumentali e analisi);
- "codice bianco" al pronto soccorso;
- cure termali;
- alcuni farmaci.

Non si paga (esenzione) o si paga in modo ridotto in base a:
- reddito
- età
- patologie croniche o rare
- stato di invalidità
- casi particolari come gravidanza, diagnosi di alcuni tumori, accertamento dell'HIV.

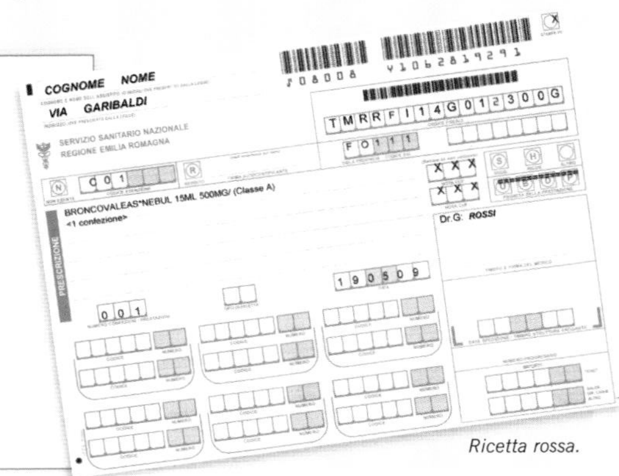

COGNOME NOME
VIA GARIBALDI
SERVIZIO SANITARIO NAZIONALE
REGIONE EMILIA ROMAGNA
TMRRFI14G012300G
F0111
C01
XXX
XXX
BRONCOVALEAS*NEBUL 15ML 500MG/ (Classe A)
<1 confezione>
Dr.G. ROSSI
190509
001

Ricetta rossa.

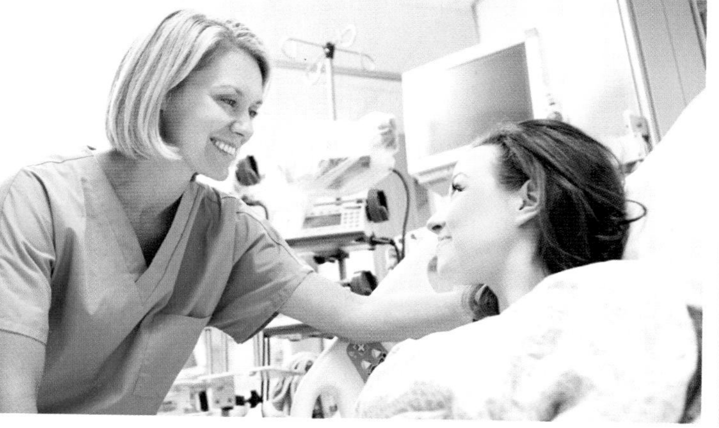

L'ospedale privato

È una struttura ospedaliera privata – cioè non gestita dallo Stato – che offre cure e servizi sanitari in convenzione con il SSN. A volte si pagano degli extra per i servizi di tipo alberghiero.

La clinica privata

È un ospedale non convenzionato con il SSN, spesso specializzato in trattamenti legati a un solo ambito clinico (clinica estetica, clinica oncologica...). La spesa è totalmente a carico del cittadino.

Il presidio ospedaliero

È un ospedale non costituito in azienda ospedaliera, perché non ha i requisiti di legge. Ha, comunque, autonomia a livello direttivo, amministrativo e funzionale. Il suo direttore sanitario dipende dal direttore generale dell'ASL (Azienda Sanitaria Locale).

Il Policlinico

È un'azienda ospedaliera universitaria costituita su un decreto del Rettore di una università, per fornire assistenza sanitaria pubblica e didattica universitaria.

1 Vero (V) o Falso (F)? Rispondi.

1 È possibile dividere gli ospedali italiani solo in pubblici e privati. ___
2 I Dipartimenti dei Servizi danno un supporto tecnico alle cure mediche. ___
3 SSN vuol dire Servizio Sanitario Nazionale. ___
4 Un ospedale offre diagnosi, cura e riabilitazione. ___
5 Si parla di regime ambulatoriale quando il paziente passa molti giorni in ospedale. ___
6 Per il regime di ricovero in un ospedale pubblico è necessario pagare il ticket. ___
7 L'impegnativa serve per comprare le medicine in farmacia. ___
8 Con la ricetta rossa bisogna pagare i farmaci per intero. ___
9 La clinica privata è convenzionata con il SSN. ___
10 Un policlinico è un ospedale universitario. ___

2 Scrivi le parole nel riquadro vicino alla definizione giusta.

intervento — prestazione — regime — convenzionato — trattare — farmaco

1 ______________ = che segue un accordo, un patto.
2 ______________ = visita, esame strumentale, analisi...
3 ______________ = curare una malattia.
4 ______________ = operazione chirurgica.
5 ______________ = medicina, medicinale.
6 ______________ = situazione, condizione, stato temporaneo.

Attenzione!

I termini "farmaco", "medicinale" e "prodotto medicinale" sono stati usati nel corso degli anni come sinonimi; di recente si è preferito usare il termine "medicinale"

(da: www.salute.gov.it)

3 (15) Ascolta il dialogo tra la farmacista e il cliente e segna le parole e le espressioni che senti.

- ☐ Sistema Sanitario Nazionale
- ☐ farmaci
- ☐ pillole
- ☐ ricetta bianca
- ☐ ricetta elettronica
- ☐ ricetta rossa
- ☐ ripetibile
- ☐ scaduta
- ☐ compila
- ☐ fuori Regione
- ☐ impegnativa

I DIPARTIMENTI DI UN OSPEDALE

Che cos'è un Dipartimento?

È l'unità organizzativa di base di un ospedale. Ogni Dipartimento mette insieme Unità Operative che svolgono funzioni simili e complementari. Per esempio, un Dipartimento Chirurgico può unire in sé l'Unità di Ortopedia e Gastroenterologia. Questo per dare al paziente l'assistenza più completa. I Dipartimenti sono individuati dal direttore generale dell'ospedale, su proposta del direttore sanitario che, a sua volta, ha sentito il Consiglio dei sanitari. Ogni ospedale, quindi, ha i suoi dipartimenti: i nomi possono cambiare da ospedale a ospedale.

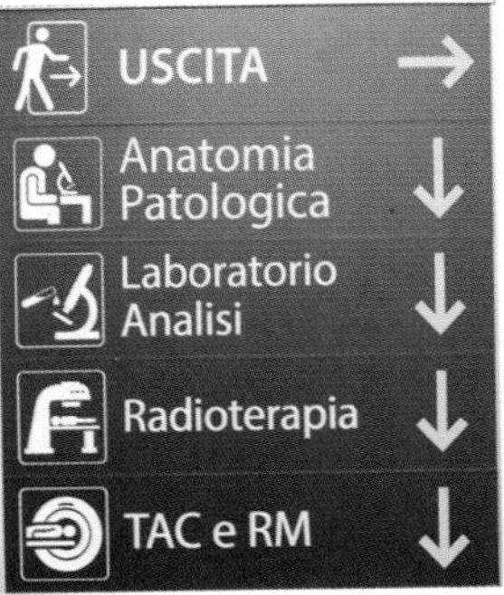

4 **In piccoli gruppi. A pagina 27 vedete le descrizioni dei dipartimenti ospedalieri più diffusi. Leggetele, discutete tra voi e abbinatele alla foto giusta. Poi spiegate agli altri gruppi perché avete fatto l'abbinamento.**

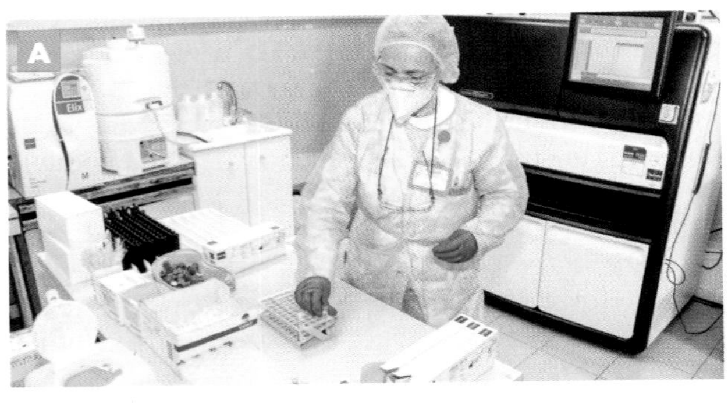

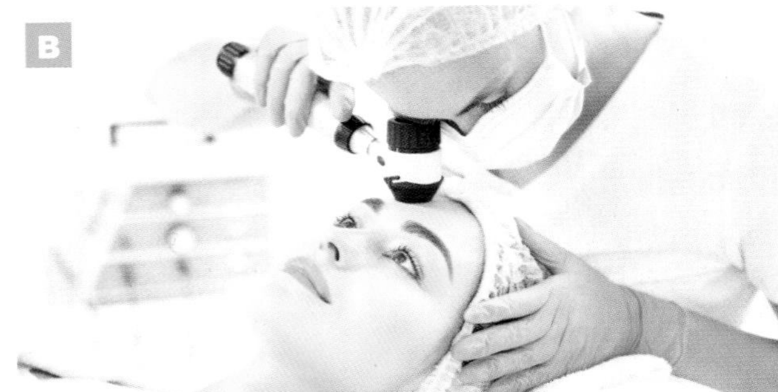

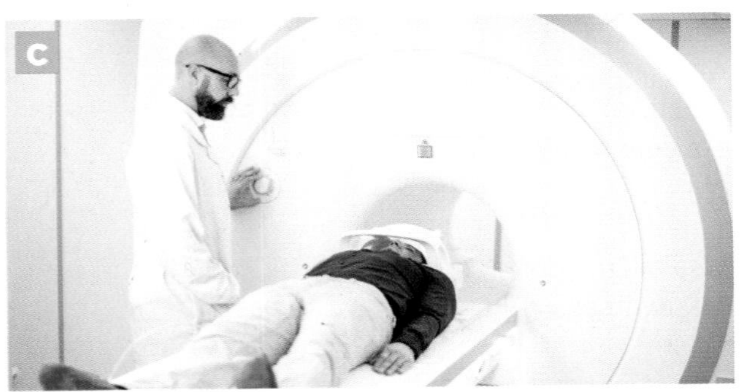

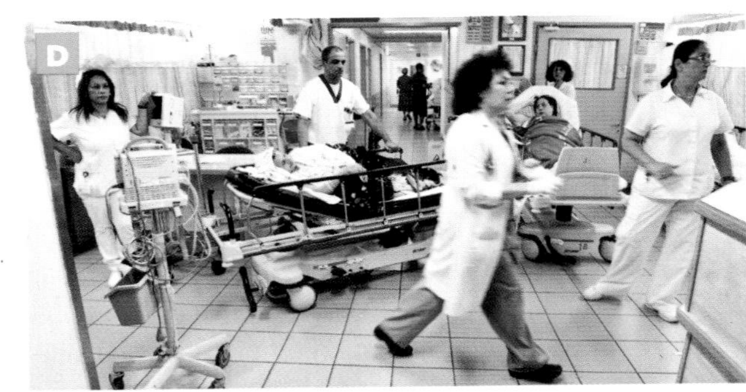

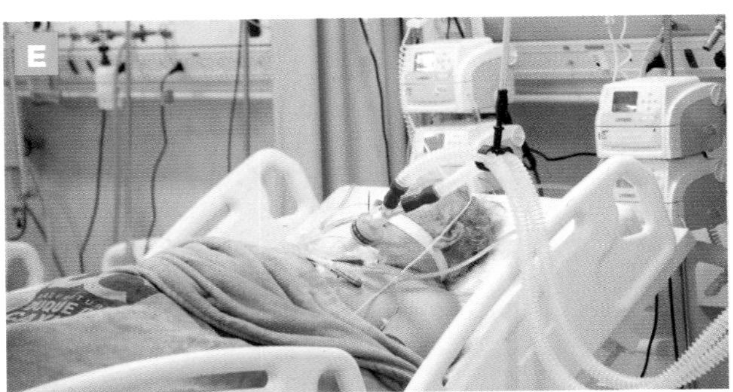

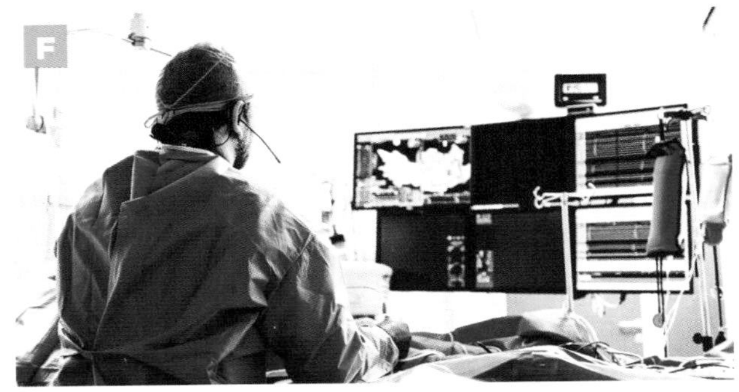

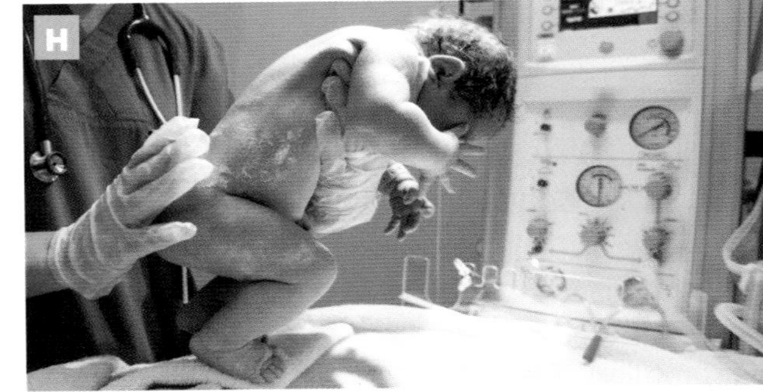

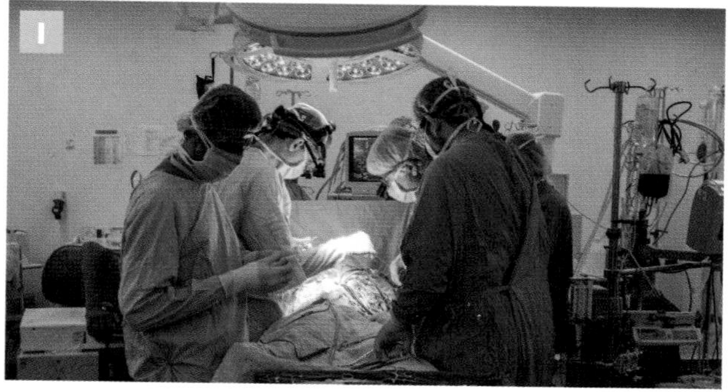

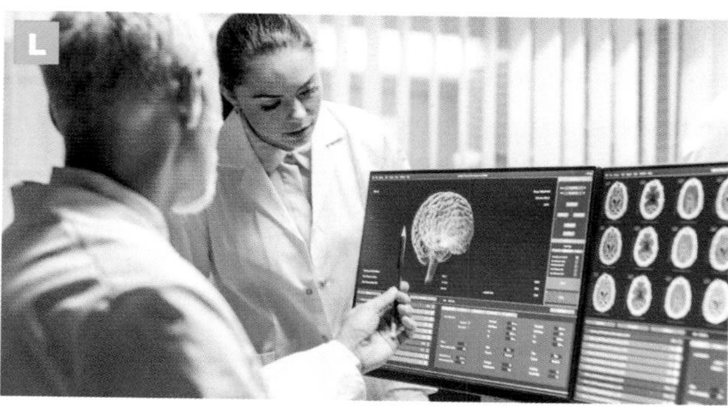

1 ☐ **D.E.A.: Dipartimento di Emergenza e Accettazione**
Il D.E.A .ha sostituito il vecchio Pronto Soccorso (il termine è però rimasto). La sua funzione è ricevere, stabilizzare e trattare pazienti che arrivano in ospedale in condizioni cliniche di emergenza-urgenza (incidenti stradali, infarti, ustioni...). Il Pronto Soccorso fa un primo accertamento diagnostico e clinico, stabilizza i pazienti e decide l'eventuale ricovero. Nel Triage (la prima fase del Pronto Soccorso) infermieri specializzati stabiliscono la gravità del paziente, catalogandola con quattro "codici" di colori diversi:
- codice rosso: è compromessa una funzione vitale e il paziente deve essere visitato immediatamente;
- codice giallo: c'è il rischio di compromissione di funzioni vitali e il paziente deve essere visitato prima di tutti, appena possibile;
- codice verde: non è compromessa alcuna funzione vitale e il paziente può aspettare.
- codice bianco: in realtà il paziente non ha bisogno del Pronto Soccorso e avrebbe dovuto rivolgersi al suo medico curante.

2 ☐ **Dipartimento Cardiovascolare**
Tratta i pazienti con problemi cardiovascolari e, in genere, raggruppa Unità Operative come Cardiochirurgia, Cardiologia Emodinamica, Cardiologia Riabilitativa e Chirurgia Vascolare.

3 ☐ **Dipartimento Chirurgico**
Coordina tutte le attività chirurgiche e può raggruppare le Unità di Andrologia, Chirurgia Generale e d'Urgenza, Gastroenterologia, Ortopedia e Traumatologia...

4 ☐ **Dipartimento Oncologico**
Data la complessità della patologia, questo dipartimento può raggruppare Unità molto diverse tra loro, come Chirurgia Generale e Oncologica, Radioterapia, Ematologia...

5 ☐ **Dipartimento Diagnostica per immagini**
La sua funzione è osservare le parti interne di un organismo (ossa, muscoli, organi interni...), tramite radiografie, ecografie o altro. Questo dipartimento può riunire Unità come Radiologia, Neuroradiologia, Medicina Nucleare e Fisica Sanitaria.

6 ☐ **Dipartimento diagnostica di Laboratorio**
Può unire il Laboratorio analisi (del sangue, delle urine...), il Laboratorio d'Urgenza, il Servizio Immunotrasfusionale e tutto quello che riguarda le analisi cliniche.

7 ☐ **Dipartimento Materno infantile**
Si occupa di tutti gli ambiti che riguardano, in specifico, la salute delle donne e dei bambini. Può quindi riunire Ostetricia e Ginecologica, Neonatologia, Pediatria e altro.

8 ☐ **Dipartimento Neurochirurgia**
Si occupa del trattamento di pazienti affetti da patologie del sistema nervoso centrale e periferico e della colonna vertebrale.

9 ☐ **Dipartimento Medicina interna**
Può riunire molte Unità Operative perché si occupa della salute globale dei pazienti e quindi comprendere Dermatologia, Diabetologia, Endocrinologia, Medicina generale e Pneumologia, Medicina d'Urgenza e altro.

10 ☐ **Dipartimento Area Critica**
Può occuparsi di Anestesia, Rianimazione, Medicina Perioperatoria e Terapia Antalgica, cioè per il trattamento del dolore.

IL RICOVERO IN OSPEDALE

Fatta eccezione per un caso grave e improvviso – come ad esempio un infarto o un incidente stradale per cui il paziente è portato al D.E.A. e si ha il **ricovero d'urgenza** – il **ricovero ordinario (o programmato)** è sempre deciso da un medico, di base o specialista. Tra i vari casi del ricovero ordinario, si può essere ricoverati:

- per un solo giorno (in Day Hospital);
- per accertamenti (cioè per fare una serie di esami clinici);
- per fare riabilitazione;
- in "lungodegenza" quando, dopo le dimissioni, si ha ancora bisogno di cure o assistenza specialistica.

La documentazione per il ricovero

Al momento del ricovero, gli addetti all'Accettazione devono controllare che il paziente abbia:

- un documento di identità valido;
- la Tessera Sanitaria rilasciata dal Distretto ASL (Azienda Sanitaria Locale) di appartenenza;
- il Codice Fiscale o la Tessera Sanitaria magnetica rilasciata dal Ministero della Salute;
- la richiesta di ricovero del medico curante (impegnativa).

Altro, se richiesto dall'ospedale.

Il consenso informato

È un documento che informa il paziente sul tipo di esame o intervento clinico, sulle terapie e gli eventuali rischi. Il paziente decide di firmarlo o no, dopo essere stato comunque informato, in modo chiaro e completo, da chi lo ha in cura. Il consenso informato è, quindi, l'espressione della volontà del paziente e niente può essere fatto senza la sua autorizzazione. Il paziente deve conoscere:

- la diagnosi clinica;
- la descrizione dell'intervento e/o della terapia;
- le eventuali alternative terapeutiche;
- le tecniche e i materiali impiegati;
- i benefici che il paziente avrà;
- i possibili rischi e le possibili complicanze;
- i comportamenti che il paziente deve tenere.

i diritti del paziente

Eccone alcuni:

- essere costantemente informato sull'intervento, le terapie e gli eventuali rischi;
- essere curato con competenza e attenzione;
- ottenere riservatezza su tutto quello che riguarda il suo stato di salute;
- ricevere le visite delle persone care negli orari per le visite;
- ricevere dall'ospedale i farmaci necessari al momento della dimissione;
- ricevere, su sua richiesta, al momento della dimissione, una copia della sua cartella clinica, cioè il documento dove vengono annotati tutti gli interventi clinici durante il ricovero (diagnosi, esami, terapie…). La cartella può anche essere spedita.

i doveri del paziente

Una volta in ospedale, il paziente è tenuto a:

- dare ai medici informazioni complete e veritiere su farmaci presi e malattie pregresse;
- avere un comportamento educato con gli altri pazienti e il personale sanitario;
- rispettare gli orari di visite mediche e terapie e delle regole dell'ospedale in generale;
- avere sempre un atteggiamento responsabile;
- seguire la terapia data dai medici una volta dimesso dall'ospedale o, in caso contrario, dirlo chiaramente al personale sanitario.

Attenzione!

Il medico di base

È detto anche "medico di famiglia", "medico curante" o con un vecchio termine "medico della mutua".
È un medico di Medicina Generale (MMG) o, come definito invece dal SSN, "Medico di assistenza primaria" (MAP). È responsabile della salute globale dei suoi pazienti e rappresenta il tramite tra il paziente e il SSN. Tra i suoi compiti, visitare i pazienti, prescrivere dei farmaci o mandare i pazienti a fare una visita specialistica.

5 (16) **Ascolta il dialogo tra un medico e una paziente che deve ricoverarsi per un intervento all'anca e completalo con le parole giuste.**

– Allora dottore, come va la mia anca? Qual è la sua ________________?
– Purtroppo, signora Pini, lei ha una forma grave di artrosi e la cartilagine tra le articolazioni è quasi del tutto consumata.
– E quindi?
– E quindi, purtroppo, dobbiamo fare una protesi all'anca.
– Una protesi?! Addirittura?! Non ci sono ________________?
– Se vuole stare bene, no. La cartilagine è al minimo ormai e lei rischia di non camminare più. E avrà il ________________ di non avere più dolore.
– Una protesi... me l'aspettavo... Ci sono dei possibili ________________?
– No, assolutamente. Lei non ha alterazioni gravi dell'anatomia articolare ed è ancora giovane. In pratica, sarà un ________________ di routine. Le metteremo una protesi al titanio, come questa. Vede?
– Titanio? Ma so che questo ________________ può dare ________________!
– Beh, la nostra è ricoperta di materiale biologico e, quindi, il titanio non entra in contatto con l'organismo in nessun modo.
– E dopo l'intervento?
– Noi mettiamo in piedi i pazienti già il giorno dopo, con l'aiuto di un fisioterapista. Lei farà della ________________ qui in ospedale per una settimana. E poi, a casa, farà riabilitazione in acqua.
– Sarà doloroso, dopo l'operazione?
– No, stia tranquilla. La nostra *Algologia è tra le migliori in Italia.
– E vada per l'operazione! Che ________________ devo presentare per il ________________?
– La ________________, la carta d'identità e l'________________ del suo medico ________________. Gli esami preoperatori li faremo in ospedale direttamente.

*Algologia: Dipartimento per il trattamento del dolore.

GLOSSARIO ALFABETICO

a carico di... ________________
a domicilio ________________
accertamento ________________
ambito ________________
analisi ________________
ASL ________________
assistenza sanitaria ________________
competenza ________________
compromesso/a ________________
convenzionato/a ________________
diagnosi ________________
dimissione ________________
esente ________________
esenzione ________________
fornire ________________
funzione vitale ________________
in convenzione con ________________
intervento ________________
medicinale ________________
patologia ________________
prescrizione ________________
prestazione ________________
requisito ________________
riabilitazione ________________
ricovero ________________
sostenere ________________
SSN ________________
stabilizzare ________________
supporto ________________
terapia ________________
trattamento ________________
trattare ________________
urgenza ________________

4 Strumenti e macchinari

GLI STRUMENTI PIÙ COMUNI

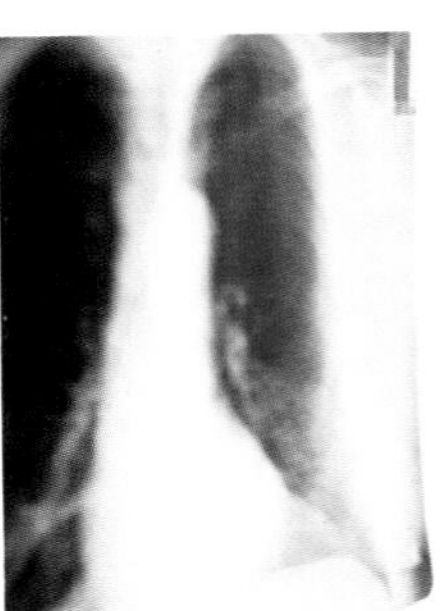

l'aspiratore chirurgico

Aspira i liquidi corporei, come il sangue (ma anche il grasso negli interventi di liposuzione) che ostruiscono gli orifizi del paziente o che limitano la visione durante un intervento.

il diafanoscopio

Detto anche negativoscopio è uno schermo luminoso a luce fredda per l'osservazione delle radiografie (lastre).

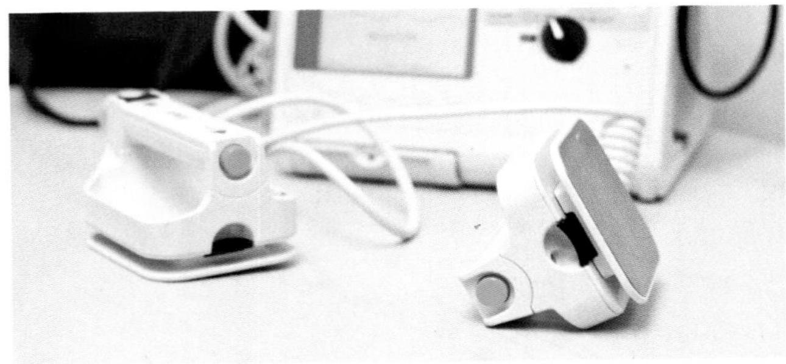

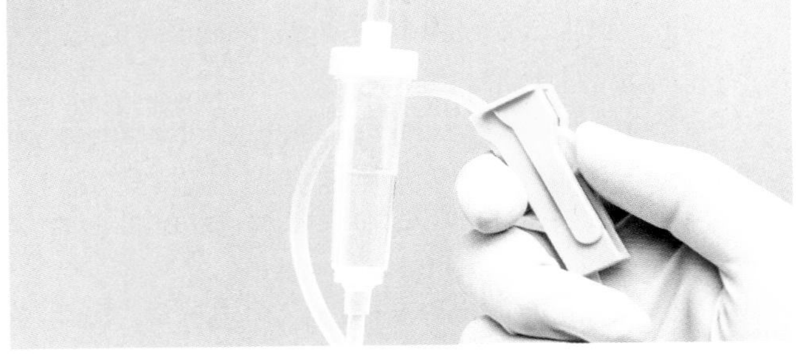

il defibrillatore cardiaco

È un apparecchio salvavita che rileva le alterazioni del ritmo della frequenza cardiaca. Eroga una scarica elettrica al cuore che serve per azzerare il battito cardiaco e, poi, ristabilirne il ritmo.

il deflussore

È un dispositivo medico che serve a controllare e regolare il flusso del liquido dalla sacca, o dal flacone, della fleboclisi.

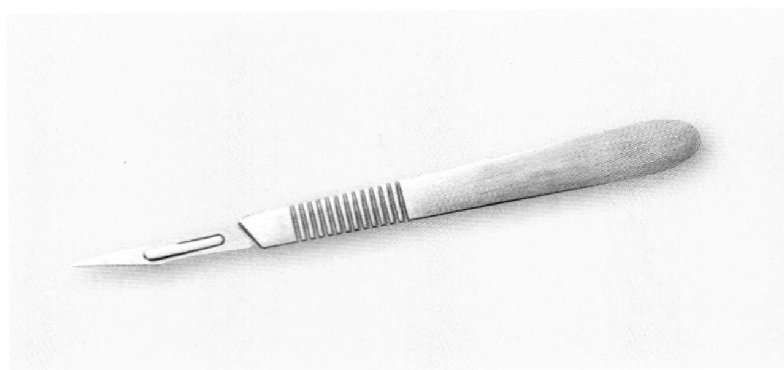

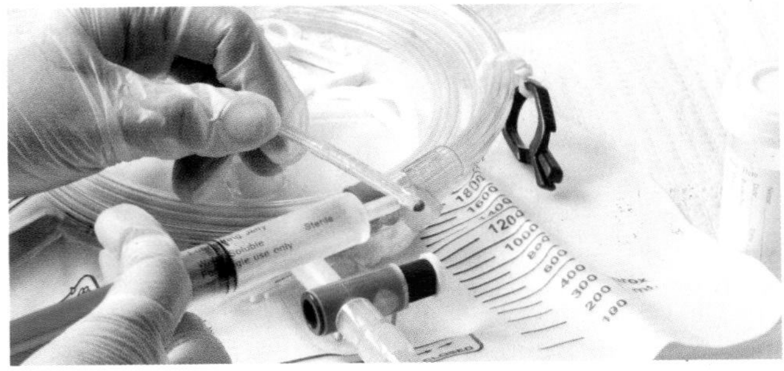

il bisturi

Di varie forme e dimensioni, è usato durante gli interventi chirurgici per incidere. Può avere la lama fissa o removibile e il manico può essere rivestito di materiale antiscivolo per garantire una presa sicura.

il catetere (per drenaggio urinario)

È un tubo flessibile (la cannula), che viene inserito in una cavità del corpo (nella foto, quello per il drenaggio urinario con la sua sacca) e serve a drenare liquidi, somministrare farmaci o introdurre strumenti chirurgici.

il divaricatore

Ce ne sono di molti tipi. Quello chirurgico serve a tenere separati i bordi di una incisione o di una ferita.

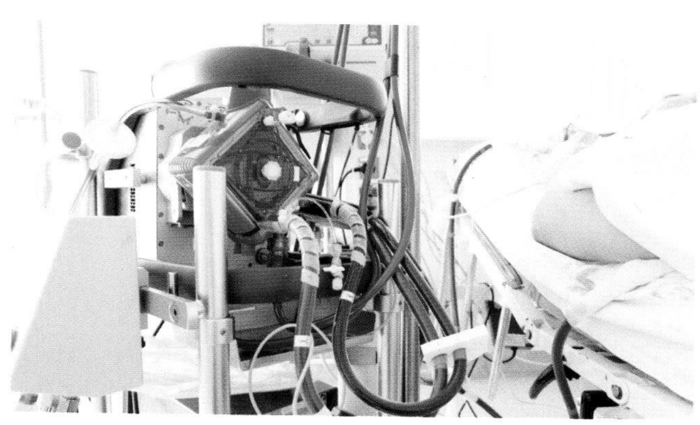

l'ECMO (Ossigenazione extracorporea a membrana)

È una tecnica che, in condizioni di grave insufficienza respiratoria e/o cardiaca, mette a riposo il cuore, aumenta l'ossigeno nel sangue e fa diminuire i valori ematici di anidride carbonica. In pratica, supporta le funzioni vitali mediante circolazione extracorporea.

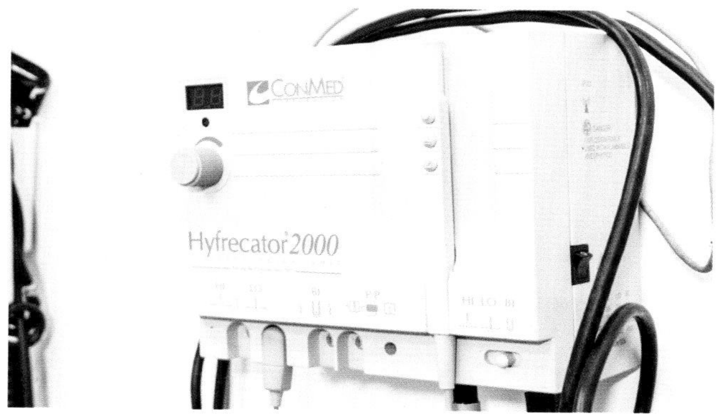

l'elettrobisturi

Ha la doppia funzione di taglio e coagulazione dei tessuti.

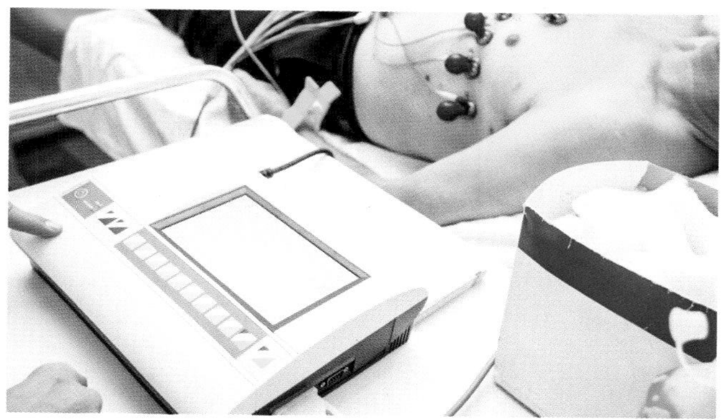

l'elettrocardiografo

È lo strumento medico necessario per fare l'elettrocardiogramma (ECG), cioè l'esame diagnostico che registra in un tracciato l'attività elettrica del cuore.

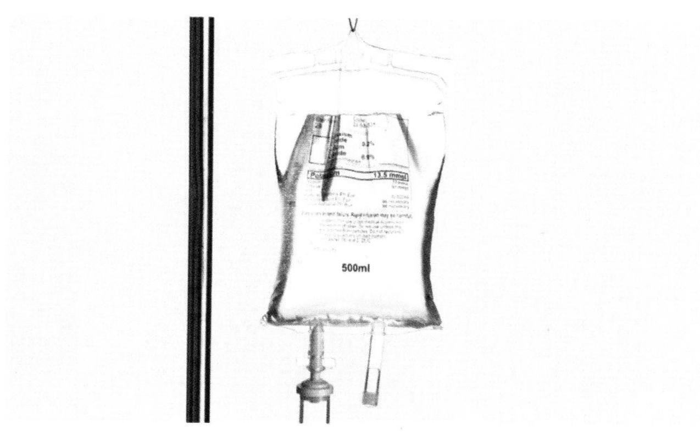

la fleboclisi

Come strumento, è un dispositivo medico per la somministrazione di medicinali in forma liquida, o altro, direttamente in vena. È costituita da un flacone, un deflussore e un ago collegati tra di loro. Viene detta anche "flebo".

l'inalatore

In genere si tratta di un flacone, in cui si inserisce una bomboletta: si preme il fondo della bomboletta e si inspira, tramite un boccaglio o una mascherina. È detto anche "aerosol dosato", perché permette di controllare le dosi di farmaco.

l'incubatrice neonatale

È un dispositivo medico per neonati pretermine, sottopeso, o con altre problematiche, che riproduce il grado di ossigenazione, temperatura, umidità e nutrimento della condizione intrauterina.

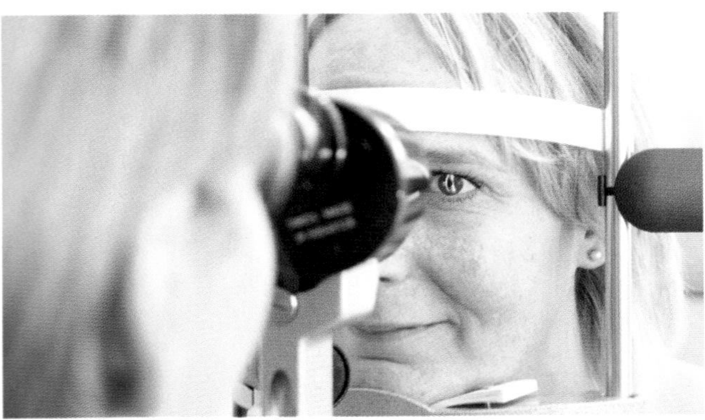

la lampada a fessura

Detta anche "biomicroscopio a fessura", è uno strumento usato in oculistica per l'osservazione dei tessuti oculari.

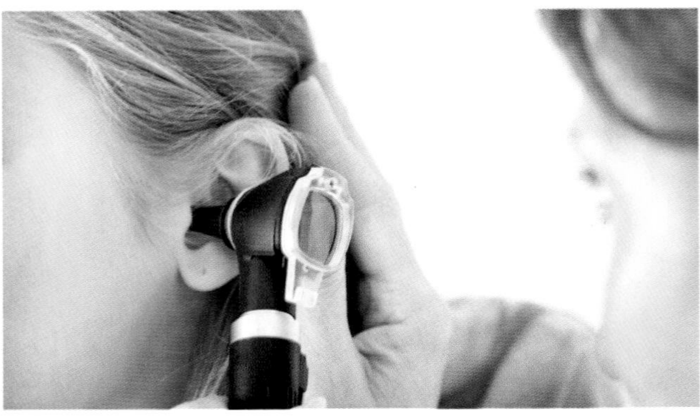

l'otoscopio

È uno strumento diagnostico che serve per il controllo dell'orecchio, permettendo di controllare la membrana timpanica e il canale uditivo esterno. Alcuni modelli hanno un video integrato e vengono chiamati "videotoscopi".

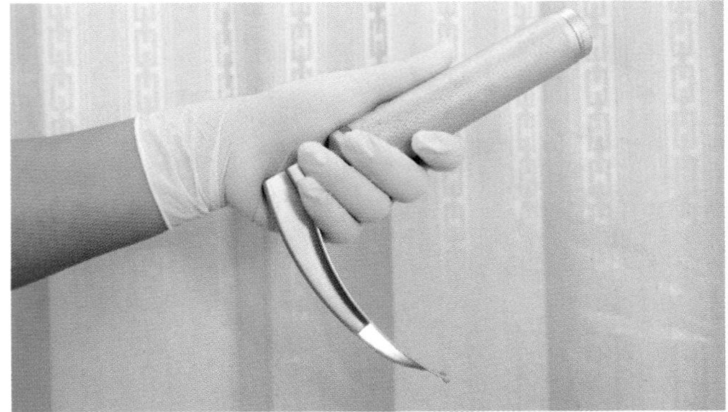

il laringoscopio

Serve per visualizzare la glottide e/o introdurre il tubo endotracheale per l'intubazione del paziente.

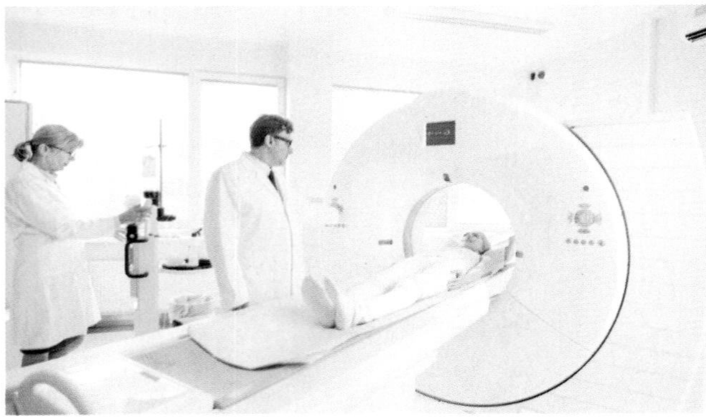

i macchinari per la risonanza magnetica o per la TAC

TAC e risonanza magnetica fanno parte della "diagnostica per immagini", ma sono due esami molto diversi, con finalità e modalità diverse: la TAC sfrutta i raggi X, la risonanza magnetica le potenzialità dei campi magnetici.

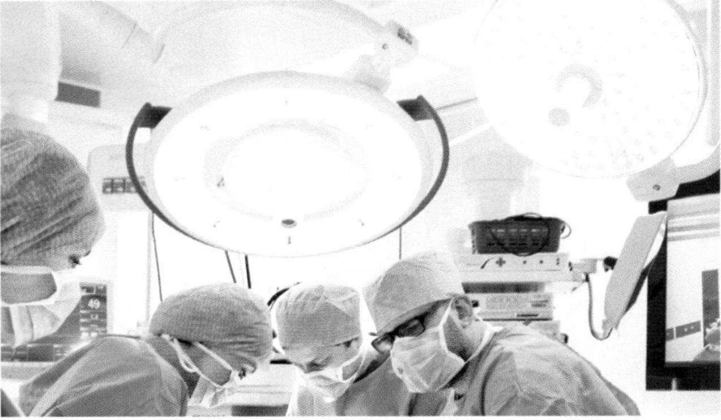

la lampada scialitica

È la lampada che si usa per illuminare il campo operatorio: genera una luce uniforme, proveniente da più punti, in modo da rendere minima la presenza di ombre. Il sistema di illuminazione principale è detto "cupola"; i sistemi di illuminazione ausiliari sono detti "satelliti".

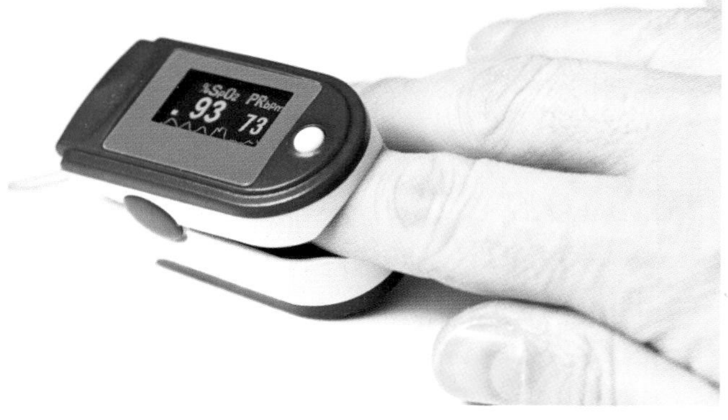

il pulsossimetro (o saturimetro)

Misura la saturazione arteriosa di ossigeno dell'emoglobina e la frequenza cardiaca.

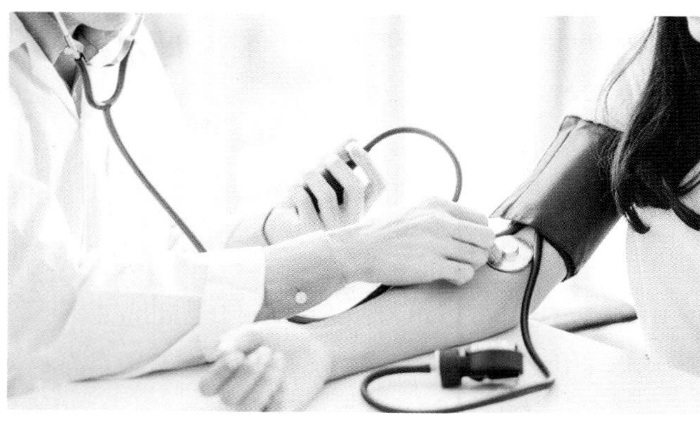

lo sfigmomanometro

È il comunissimo "misuratore di pressione".

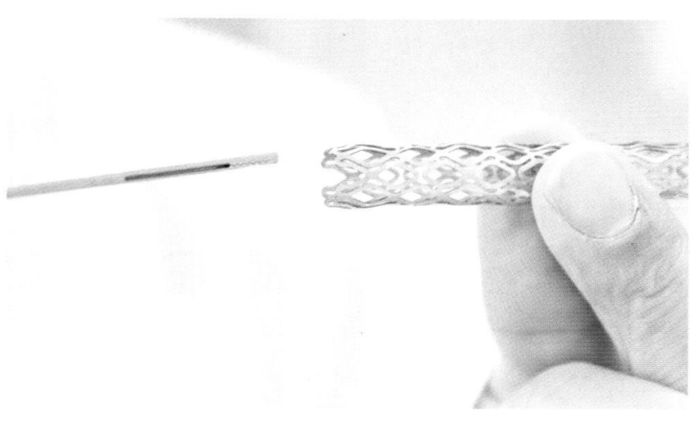

lo stent

È una struttura metallica cilindrica a maglie. Viene inserita negli organi cavi (a lume), come l'intestino o i vasi sanguigni, e serve per espanderli.

lo stetoscopio

Si appoggia sul torace o sulla schiena del paziente e serve per auscultare il battito del cuore o i rumori polmonari.

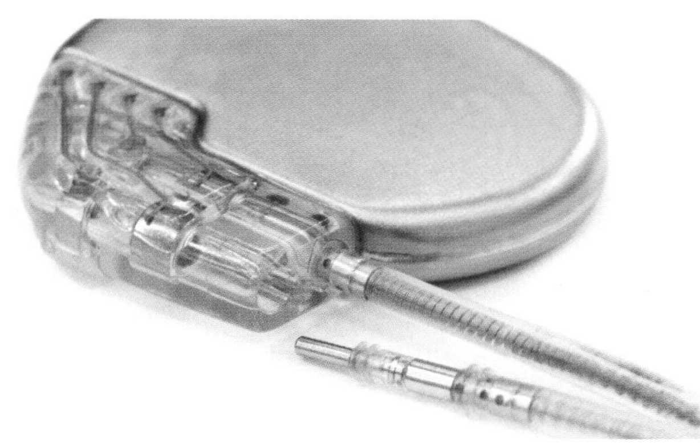

il pacemaker

È un dispositivo elettronico che si posiziona nel torace. È formato, sostanzialmente, da un generatore di impulsi che normalizza il ritmo cardiaco e da elettrocateteri, collegamenti che uniscono il generatore al cuore e che trasmettono i segnali.

la pompa intratecale

Permette l'infusione di farmaci direttamente nel fluido del sistema nervoso centrale, senza che questi vengano assorbiti dall'organismo come, ad esempio, i farmaci per via orale.

1 **Completa le frasi con i nomi degli strumenti medici, chirurgici e diagnostici.**

1 A mio zio hanno messo tre ____________, nel torace, ma sta bene! Oggi è un intervento di routine.

2 Appoggi qui il mento, ora: ora guardiamo il fondo dell'occhio con la lampada ____________. Non chiuda l'occhio per favore.

3 Bene, iniziamo a incidere: ____________ numero 22... sarà un intervento impegnativo.

4 Dobbiamo intubare per forza! Prendimi il ____________!

5 Il paziente è in arresto cardiaco! Prendi il ____________!

6 La paziente è in evidente insufficienza cardiaca: dobbiamo passare all' ____________.

7 Ha ragione: la flebo va troppo piano, ora la regolo con il ____________.

8 Le coronarie sono ostruite: dobbiamo inserire per forza degli ____________.

9 Mio figlio è nato tre mesi prima e lo hanno messo nell'____________.

10 Non ho ancora capito bene la differenza tra TAC e ____________.

11 Non si preoccupi! Ora le controllo la membrana timpanica con l'____________ e vediamo cosa c'è.

12 Non vedo! C'è troppo sangue! ____________, subito!

13 Passami il ____________, perché devo allargare la ferita.

14 Per favore, sposta a destra il satellite della ____________.

15 Per la sua asma, quando sente venire un attacco, spruzzi due volte con l'____________.

16 Puoi mettere sul ____________ la radiografia che abbiamo fatto una settimana fa?

17 Purtroppo, per il suo dolore di schiena cronico, dobbiamo inserire una pompa ____________. È un intervento semplice, non si preoccupi!

18 Questo ECG non mi convince... sei sicuro che l'____________ funzioni bene?

19 Secondo me è una semplice bronchite, ora l'ausculto con lo ____________... sì, lo so: è un po' freddo.

20 Signora, dobbiamo cambiare la ____________ del catetere... non si preoccupi, non fa male.

21 Signora, mi dispiace ma deve togliere lo smalto dalle unghie, se no il ____________ non funziona bene.

2 **Metti in ordine le lettere dei verbi. La prima lettera è data.**

1 **RASPRAIE** A _ _ _ _ _ _ _

2 **ENARDRE** D _ _ _ _ _ _

3 **OREGERA** E _ _ _ _ _ _

4 **ICINERDE** I _ _ _ _ _ _ _

5 **ERIINSRE** I _ _ _ _ _ _ _

6 **OUIRESTR** O _ _ _ _ _ _ _

7 **SIZIPOONARE** P _ _ _ _ _ _ _ _ _ _

8 **LEVARIRE** R _ _ _ _ _ _ _

9 **MINSOSTRMIARE** S _ _ _ _ _ _ _ _ _ _ _ _

10 **UALVISIAREZZ** V _ _ _ _ _ _ _ _ _ _ _

3a **A coppie. Parlate insieme e abbinate lo strumento alla figura professionale giusta. Se necessario, aiutatevi con una veloce ricerca sul web. Poi confrontatevi con la classe.**

1 ☐ catetere per il drenaggio urinario	a chirurgo
2 ☐ diafanoscopio	b otorinolaringoiatra
3 ☐ defibrillatore cardiaco	c medico del D.E.A.
4 ☐ sfigmomanometro	d infermiere/a
5 ☐ elettrobisturi	e radiologo
6 ☐ lampada a fessura	f medico di famiglia
7 ☐ incubatrice	g oculista
8 ☐ pompa intratecale	h medico pediatra
9 ☐ otoscopio	i medico algologo

3b **Secondo la vostra esperienza, chi altro può usare gli strumenti e i macchinari dell'esercizio 3a? Parlatene insieme e poi con la classe.**

3c **Quali altri strumenti o macchinari conoscete? Scrivete una lista insieme alla classe.**

4a **In piccoli gruppi. Scegliete uno strumento o un macchinario, usate i verbi dell'esercizio 2 e provate a scrivere una breve spiegazione su come si usa.**

4b **Ora leggete il vostro testo agli altri gruppi: questi devono indovinare di che strumento o macchinario si tratta.**

GLOSSARIO ALFABETICO

a luce fredda ____________
alterazioni ____________
antiscivolo ____________
auscultare ____________
ausiliare ____________
azzerare ____________
boccaglio ____________
bomboletta ____________
bordo ____________
diagnostico ____________
dispositivo ____________
flacone ____________
flusso ____________
generatore ____________
impulso ____________
incisione ____________
insufficienza ____________
intubazione ____________
liposuzione ____________
monouso ____________
orifizio ____________
per via orale ____________
presa ____________
pretermine ____________
removibile ____________
salvavita ____________
saturazione ____________
scarica ____________
sottopeso ____________
tessuto ____________
tracciato ____________
uniforme ____________

5 Esami, terapie, medicinali

GLI ESAMI MEDICI PIÙ COMUNI

Gli esami medici, generalmente, vengono fatti per:

- screening, cioè un protocollo medico di indagini diagnostiche generalizzate (per esempio uno screening oncologico);
- diagnosticare una malattia;
- valutare la gravità di una malattia;
- controllare la risposta di un disturbo al trattamento.

Possiamo dividere gli esami in "esami di laboratorio" (per esempio le analisi del sangue) e "esami strumentali" (per esempio la TAC), ma spesso il confine non è così definito: in una endoscopia, per esempio, le telecamere permettono di vedere all'interno del corpo, ma poi si prelevano anche campioni di tessuto da far analizzare in laboratorio.

Esami dei liquidi e fluidi corporei

I più frequenti sono quelli del sangue, dell'urina, del liquido cerebrospinale (quello che circonda il midollo spinale e il cervello) e del liquido sinoviale (quello che riempie le cavità articolari). Si possono però analizzare anche i liquidi che non si trovano normalmente nel corpo, ma che sono creati da disturbi come, ad esempio, quelli di un versamento pleurico.

Analisi del sangue (Emocromo): alcune delle sigle principali

- Numero dei globuli rossi (RBC).
- Numero dei globuli bianchi (WBC).
- Ematocrito (HCT): percentuale di volume occupato dai globuli rossi rispetto al sangue intero.
- Valore dell'emoglobina (HGB).
- Volume corpuscolare medio (MCV): indica il volume dei globuli rossi e serve a segnalare disturbi come l'anemia.
- Contenuto emoglobinico corpuscolare medio (MCH), cioè la quantità di emoglobina mediamente contenuta nei globuli rossi.
- Concentrazione media di emoglobina per globulo rosso (MCHC), segnala la concentrazione di emoglobina presente in un solo globulo rosso, in relazione alle dimensioni di quest'ultimo.
- Red-cell Distribution Width (RDW), segnala la presenza di globuli rossi di diversa dimensione, fenomeno frequente nelle anemie o in altre patologie.
- Piastrine (PLT): indica il numero di piastrine per volume di sangue. I valori alterati possono essere causati da molti fattori, come anemie, infiammazioni, carenza di ferro, infezioni e tumori.

Diagnostica per immagini

Sono esami che permettono di avere un'immagine dell'interno del corpo. Tra gli esami più comuni: le radiografie, l'ecografia, la scintigrafia, la risonanza magnetica per immagini (RMI), la tomografia e l'angiografia.

1 Abbina a ogni esame la definizione giusta.

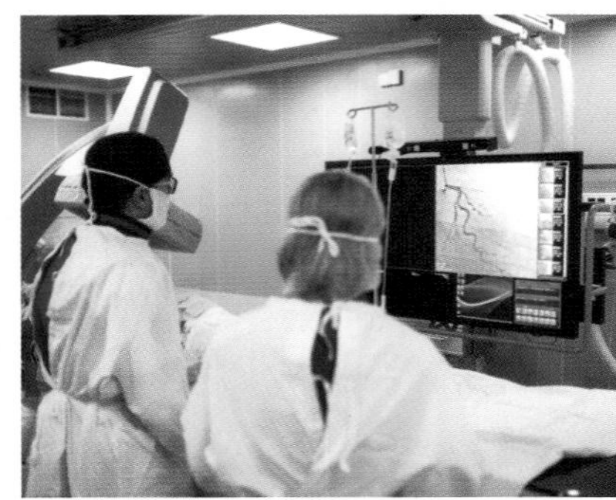

1 ☐ angiografia

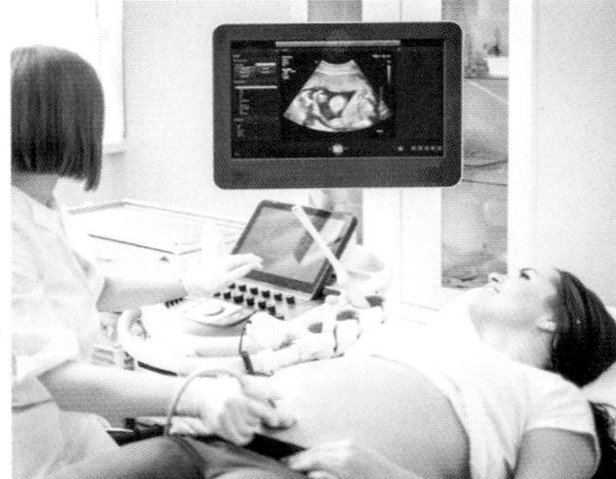

2 ☐ ecografia

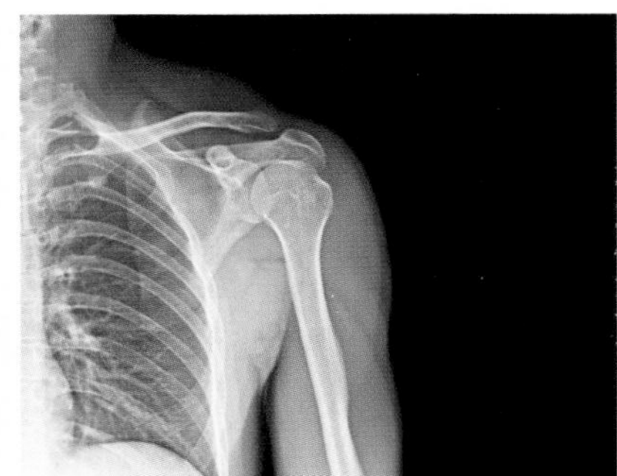

3 ☐ radiografia

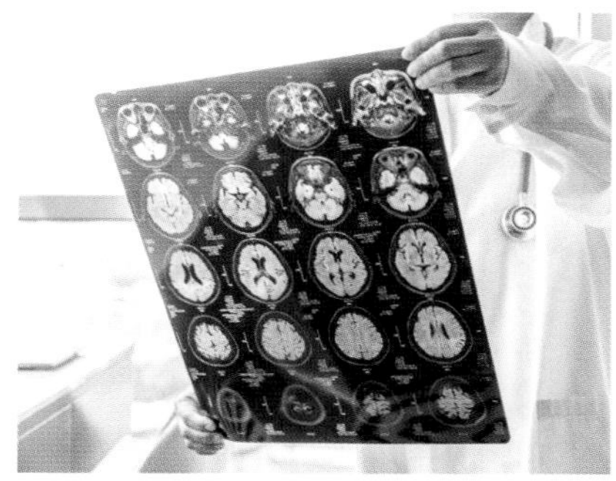

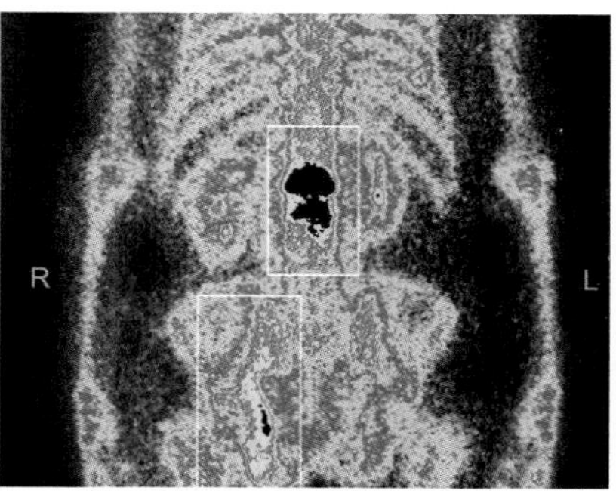

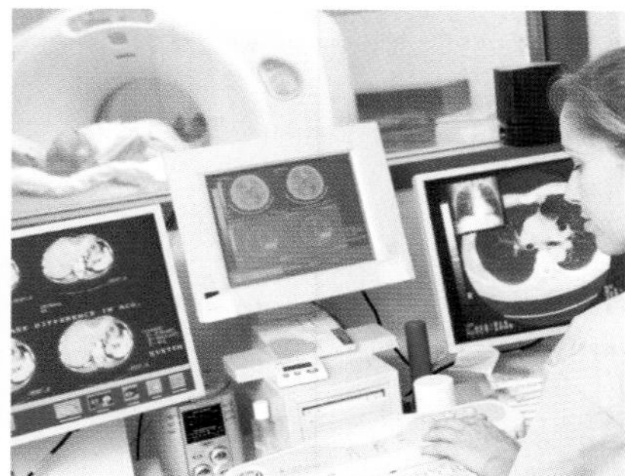

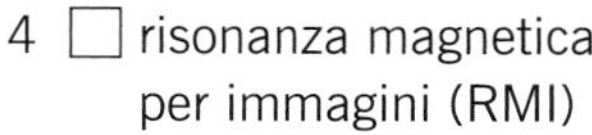

4 ☐ risonanza magnetica per immagini (RMI)

5 ☐ scintigrafia

6 ☐ tomografia

a È un esame di medicina nucleare in cui si iniettano dei radiofarmaci captati dall'organo che si vuole osservare. È molto usata nella ricerca di tumori.

b È una tecnica che mira alla rappresentazione a strati di parti o organi del corpo, per averne poi un'immagine tridimensionale. La TAC, ad esempio, fa parte di questo tipo di esami.

c È una tecnica di visualizzazione radiologica dei vasi sanguigni. Iniettando un mezzo di contrasto radiopaco (che i raggi X non possono attraversare), è possibile valutarne la forma e il calibro ed eventuali alterazioni.

d È un metodo diagnostico che non usa raggi X, ma ultrasuoni (onde sonore) e sulla pelle del paziente viene spalmato un gel che ne migliora la trasmissione. Essendo un metodo non invasivo, viene utilizzato nelle gravidanze.

e Grazie a un campo magnetico e onde a radiofrequenze, si ottengono immagini molto dettagliate. È utile, per esempio, per vedere le conseguenze di un ictus o l'eventualità di tumori.

f È un tipo di indagine che usa le proprietà dei raggi X (un tipo di radiazioni ionizzanti) per impressionare una lastra. Si usa soprattutto per le ossa e alcuni organi.

Endoscopia

In genere si fa passare una sonda, detta endoscopio, attraverso un'apertura del corpo, come il naso (laringoscopia per vedere la laringe e le corde vocali o giù fino ai polmoni per una broncoscopia). L'estremità dell'endoscopio ha una luce e una telecamera, in modo da poter vedere le immagini su un monitor. Oltre a questo, nel canale dell'endoscopio si possono introdurre gli strumenti con cui prelevare campioni di tessuto da analizzare.

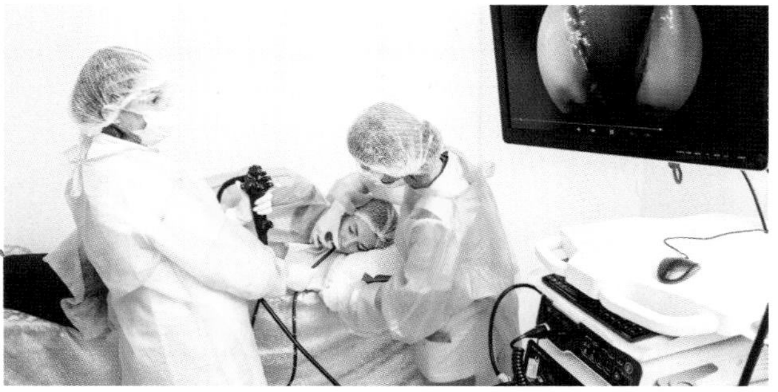

2 Segna l'opzione giusta per ogni tipo di endoscopia.

1 artroscopia
- ☐ articolazioni
- ☐ braccia e gambe

2 colonscopia
- ☐ colon
- ☐ intestino crasso

3 ecoendoscopia
- ☐ pancreas
- ☐ cuore

4 laparoscopia
- ☐ cavità orale
- ☐ cavità addominale

5 toracoscopia
- ☐ cavità pleurica
- ☐ esofago e diaframma

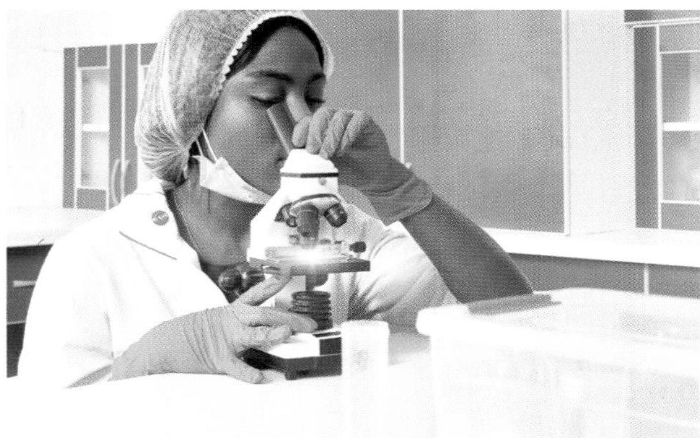

Biopsia

Durante questo esame si prelevano campioni di tessuto per trovare cellule anomale che possano segnalare una malattia. I tessuti più comunemente analizzati – il più delle volte al microscopio – sono la pelle, la mammella, il polmone, il fegato, i reni e le ossa.

LE TERAPIE PIÙ DIFFUSE

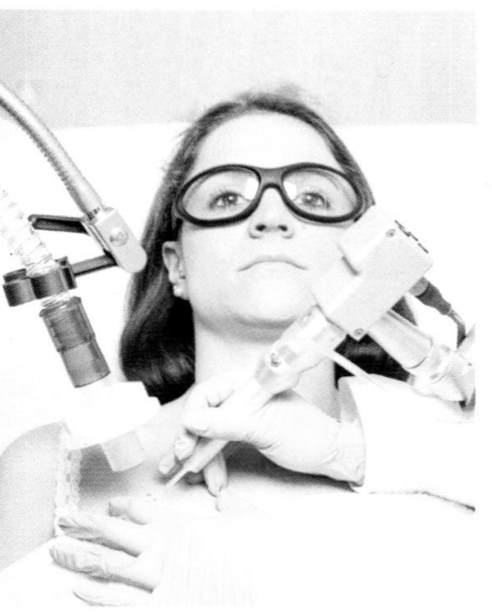

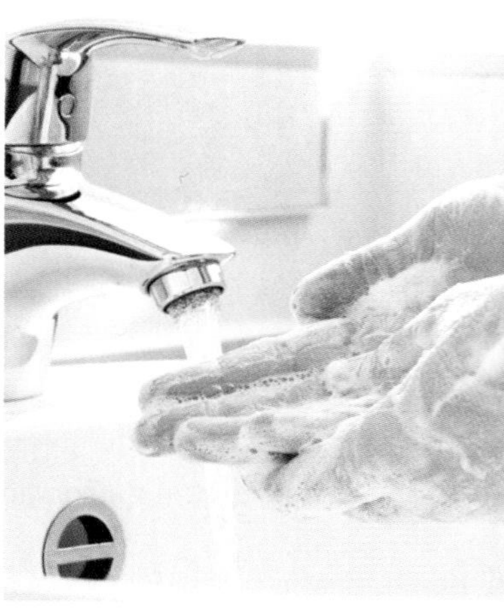

Una terapia consiste nello studio e nell'uso di strumenti e metodi per combattere una malattia, per esempio una "terapia antibiotica" si attua per contrastare un'infezione batterica.

Proviamo a dividere le terapie secondo uno schema che possa raggruppare le più comuni:

- **terapie farmacologiche**: a base di medicinali (vedi pagina 40);
- **terapie chirurgiche**: interventi chirurgici in genere con asportazione, modifica o sostituzione di parti del corpo (nei della pelle, protesi del ginocchio, tumori...);
- **terapie preventive (o profilassi)**: qualsiasi procedura medica, anche farmacologica, che abbia lo scopo di prevenire una malattia o, comunque, di limitarne i danni (dal semplice lavarsi le mani alla sterilizzazione di una sala operatoria);
- **terapie di sostegno o supportive:** in sintesi, qualunque terapia che abbia lo scopo di alleviare i sintomi causati da patologie gravi (cura della persona, supporto psicologico, alimentazione...), per migliorare la qualità di vita del malato e rendere le terapie più sopportabili;
- **terapie riabilitative**: si occupano della riabilitazione delle disabilità fisiche, motorie o psicologiche causate da malattie invalidanti, per garantire al paziente la più vasta autonomia possibile, compatibilmente con le sue possibilità.
- **terapie palliative**: alleviano i sintomi di una patologia, ma non sono finalizzate alla guarigione (terapia del dolore).

3a 18 **Ascolta i quattro dialoghi tra medico e pazienti e segna la terapia giusta.**

Dialogo 1	Dialogo 2
☐ terapia chirurgica ☐ terapia di sostegno ☐ terapia farmacologica ☐ terapia palliativa ☐ terapia preventiva ☐ terapia riabilitativa	☐ terapia chirurgica ☐ terapia di sostegno ☐ terapia farmacologica ☐ terapia palliativa ☐ terapia preventiva ☐ terapia riabilitativa
Dialogo 3	**Dialogo 4**
☐ terapia chirurgica ☐ terapia di sostegno ☐ terapia farmacologica ☐ terapia palliativa ☐ terapia preventiva ☐ terapia riabilitativa	☐ terapia chirurgica ☐ terapia di sostegno ☐ terapia farmacologica ☐ terapia palliativa ☐ terapia preventiva ☐ terapia riabilitativa

Attenzione!

malattia (patologia): è una condizione anomala di un organismo, causata da alterazioni organiche o funzionali ben identificate, che ne danneggiano lo stato di salute;

sindrome: quando il disturbo è caratterizzato da una serie di sintomi, che si verificano insieme, ma che non sono riconducibili a una causa chiara, unica e definibile (sindrome dell'intestino irritabile, sindrome influenzale...);

disturbo (disordine): è una sofferenza psichica riconducibile a una realtà medica definita e classificabile (disturbo da stress post traumatico, disturbo ossessivo compulsivo...).

3b (18) **Ascolta ancora e completa i dialoghi.**

DIALOGO 1

– Allora, che cos'hai Lugi?
– Eh, non sto bene dottore! Ho la ______________ da qualche giorno e mi fanno male le ______________.
– Vediamo... eh sì, hai un'______________ esterna virale e una leggera ______________. Niente di grave... Per l'otite ti prescrivo una terapia ______________ locale e dei ______________ ad azione antisettica del condotto uditivo.
– Devo prendere ______________ anche per la bronchite?
– No, no! Solo un antipiretico al bisogno e un mucolitico. E soprattutto stai al caldo e a riposo per una settimana. Nel caso, ci risentiamo.

DIALOGO 2

– Dottore buongiorno, le ho portato l'______________ dell'isteroscopia.
– Bene, signora... ah, sì! È come pensavo: c'è un piccolo polipo nel tratto ______________ dell'utero. Bisogna ______________.
– Oh, no! E adesso?
– Non si preoccupi, signora! Questi polipi sono molto frequenti! È una ______________ che si fa ambulatorialmente, senza ______________ di anestesia.
– Quindi è una cosa semplice...
– Sì, niente di che! Poi il polipo viene fatto ______________ per sicurezza, ma lei stia tranquilla già da ora!
– Eh... è una parola!

DIALOGO 3

– Allora, signora Franchi, vediamo questo ______________... eh, no! Così non va! Lei non fa la brava, signora Franchi!
– Ma smettere di fumare è difficile!
– Ma non impossibile! Ci riescono migliaia di persone ogni giorno! Le ripeto quello che le ho già detto: lei deve ______________ di fumare, ______________ peso, ______________ il sale e fare esercizio fisico! Lei ______________ un infarto, ha capito o no? Deve cambiare ______________ di vita!
– Ci proverò, dottore!
– Mi raccomando... ora le misuro la pressione e vediamo se è alta.

DIALOGO 4

– Buongiorno signor Cardi, mi ha portato la ______________?
– Sì, eccola! Comunque il ginocchio mi fa sempre più male!
– Vedo, vedo... la cartilagine è un po' consumata... niente di che, cose dell'età... ma lei deve fare un po' di moto, mio caro signor Cardi... Bisogna riattivare la ______________ del ginocchio.
– Non ci penso neanche! Il ginocchio mi fa malissimo!
– Le andrebbe di fare un po' di ______________ in piscina? È una terapia molto ______________ e potrebbe ______________ i muscoli delle cosce, in modo da non ______________ troppo il ginocchio.
– Beh... può essere una buona idea...
– Ottimo, allora proviamo con l'idrokinesiterapia ______________ volte alla settimana e vediamo come va.

I MEDICINALI

Una distinzione importante

Questa è la distinzione che fa il Ministero della Salute: «I termini "**farmaco**", "**medicinale**" e "**prodotto medicinale**" sono stati usati nel corso degli anni come sinonimi; di recente si è preferito usare il termine *medicinale*, impiegato anche nelle direttive comunitarie che disciplinano questo settore.
Si intende per medicinale:

- ogni sostanza o associazione di sostanze presentata come avente proprietà curative o profilattiche delle malattie umane;
- ogni sostanza o associazione di sostanze che possa essere utilizzata sull'uomo o somministrata all'uomo allo scopo di ripristinare, correggere o modificare funzioni fisiologiche, esercitando un'azione farmacologica, immunologica o metabolica, ovvero di stabilire una diagnosi medica. [...]»

(Ministero della Salute – Data di pubblicazione: 10 febbraio 2006, ultimo aggiornamento 7 dicembre 2018 - http://www.salute.gov.it/)

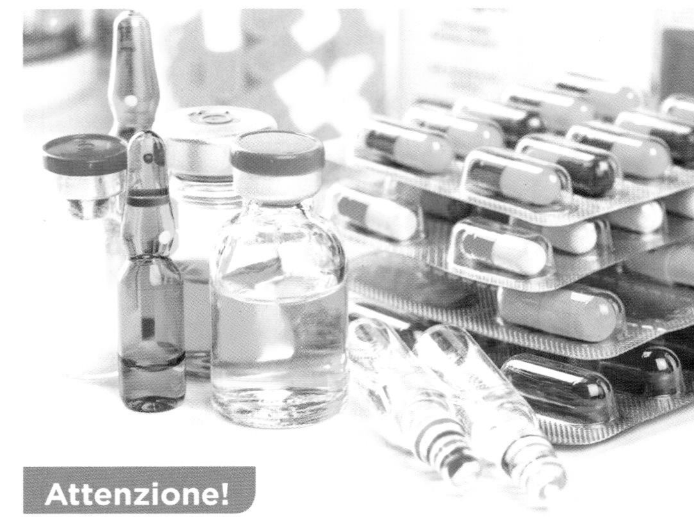

Attenzione!

Principio attivo
È il componente del medicinale da cui dipende l'azione curativa.

Le categorie dei farmaci

- Classe A: farmaci a carico dal Servizio Sanitario Nazionale
- Classe H: farmaci a carico dal Servizio Sanitario Nazionale solo in ambito ospedaliero
- Classe C: farmaci a carico del cittadino

Il medicinale generico (o equivalente)

«Per medicinale generico (o equivalente) si intende un medicinale avente la stessa composizione qualitativa e quantitativa in sostanze attive e la stessa forma farmaceutica di un medicinale di riferimento, nonché una bioequivalenza con il medicinale di riferimento dimostrata da studi appropriati di biodisponibilità [...]»

(art.10, comma 5 , lettera b del D.Lgs 219/2006).

In genere, i medicinali equivalenti hanno un prezzo inferiore rispetto a quello di riferimento, pari anche al 20%: un buon risparmio sia per il SSN che per i pazienti. Quando i medicinali equivalenti vengono autorizzati e classificati in fascia A (cioè a carico del SSN) possono essere inseriti nella Lista di Trasparenza AIFA (Agenzia Italiana del Farmaco) che viene aggiornata ogni mese.

I medicinali salvavita

Sono quelli indispensabili, assolutamente necessari per la sopravvivenza di pazienti con malattie gravi e, spesso, non curabili. I pazienti li assumono per anni, anche per tutta la vita. Sono medicinali che costano molto, anche se alcuni sono offerti gratuitamente dal SSN.

I medicinali da banco: OTC e SOP

Sono quelli che è possibile comprare direttamente in farmacia, o parafarmacia, senza obbligo di ricetta medica. In genere si tratta di farmaci per automedicazione, come l'aspirina, dei leggeri antidolorifici, dei colliri...
In questi medicinali i principi attivi sono spesso in quantità minore rispetto ai farmaci per i quali è obbligatoria la prescrizione medica (ricetta), o sono adatti a curare disturbi lievi, che il paziente – in base alla propria esperienza – può curare da sé, come un semplice mal di testa o gli occhi arrossati. Sono detti, infatti, anche farmaci da automedicazione o OTC (dall'inglese "Over The Counter", "sopra il banco").
Ne vediamo la pubblicità in televisione e il paziente può servirsi da sé. I farmaci da banco SOP (Senza Obbligo di Prescrizione medica), invece, non sono liberamente accessibili nel negozio e possono essere venduti solo su consiglio del farmacista.

Transizione di cura e Raccomandazione

Nei periodi di "transizione di cura" (ricovero del paziente in ospedale, dimissione, trasferimento tra reparti o in altra struttura) è basilare evitare le differenze non intenzionali nella terapia, attuando la "riconciliazione farmacologica", un processo formale che chiarisce e cataloga, senza dubbi, le terapie già seguite e altre informazioni relative al paziente.

- Per la Raccomandazione n.17: www.salute.gov.it/portale/documentazione
- Sicurezza delle terapie farmacologiche: www.salute.gov.it/portale/sicurezzaCure

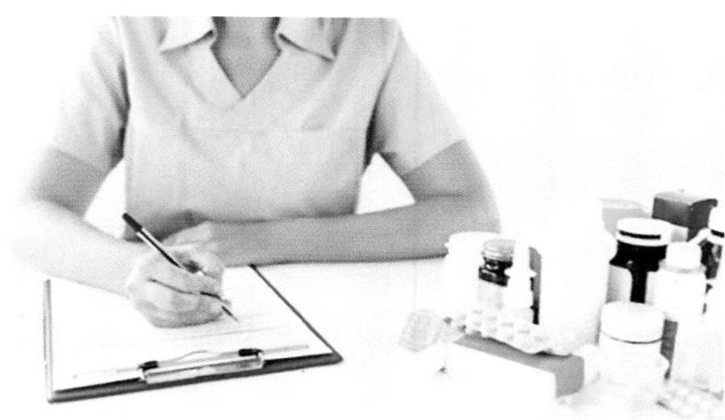

4 Vero (V) o Falso (F)? Rispondi.

1 Si preferisce usare la parola "medicinale". ____
2 I medicinali della Classe C sono a carico del SSN. ____
3 Un medicinale generico ha meno principio attivo di quello originale. ____
4 Il medicinale originale ha la stessa composizione di sostanze attive di quello generico. ____
5 Il medicinale equivalente costa meno. ____
6 La Lista di Trasparenza AIFA è aggiornata ogni anno. ____
7 Un medicinale salvavita è assolutamente indispensabile. ____
8 I medicinali da banco si dividono in OTC e SOP. ____
9 SOP significa Senza Obbligo di Prevenzione. ____
10 Solo le farmacie possono vendere medicinali che hanno obbligo di prescrizione medica. ____

5 A coppie. Rileggete i testi: ognuno/a di voi prende appunti sugli argomenti relativi ai medicinali, che per lui/lei sono più importanti. A turno, fatevi delle domande sull'argomento e rispondete.

Attenzione!

Parafarmacia
Le parafarmacie possono vendere solo farmaci "Senza Obbligo di Prescrizione" (SOP e OTC), oltre che tutte le altre cose che si trovano nelle farmacie, come cosmetici, integratori alimentari o prodotti per l'infanzia.

TIPI DI MEDICINALI

6 **A coppie. Leggete il dialogo: conoscete questi medicinali? Parlatene insieme.**

– Che mal di schiena!
– Prendi una tachipirina da 1000.
– Ma che dici? Non ho mica la febbre!
– La tachipirina non è solo un antipiretico, è anche un antidolorifico.
– Davvero? Pensavo solo un antipiretico! Io la prendo quando ho più di 38 di febbre... Io come antidolorifici uso i FANS.
– Va bene, ma prendi un anche gastroprotettore, perché possono dare disturbi allo stomaco, soprattutto se li prendi a stomaco vuoto.

7a **Nel riquadro trovi i nomi (al singolare) delle più comuni categorie di medicinali. Leggi le definizioni e scrivi i nomi nello schema. Le lettere nelle caselle colorate ti danno le due parole che completano le frasi vicino allo schema.**

chemioterapico — antimicotico — antinfiammatorio — antipertensivo — anestetico — anticoagulante — antidolorifico — FANS — antistaminico — antitrombotico — antipiretico — analgesico — antivirale — antibiotico — gastroprotettore — antiemorragico — ansiolitico — contraccettivo — antidepressivo

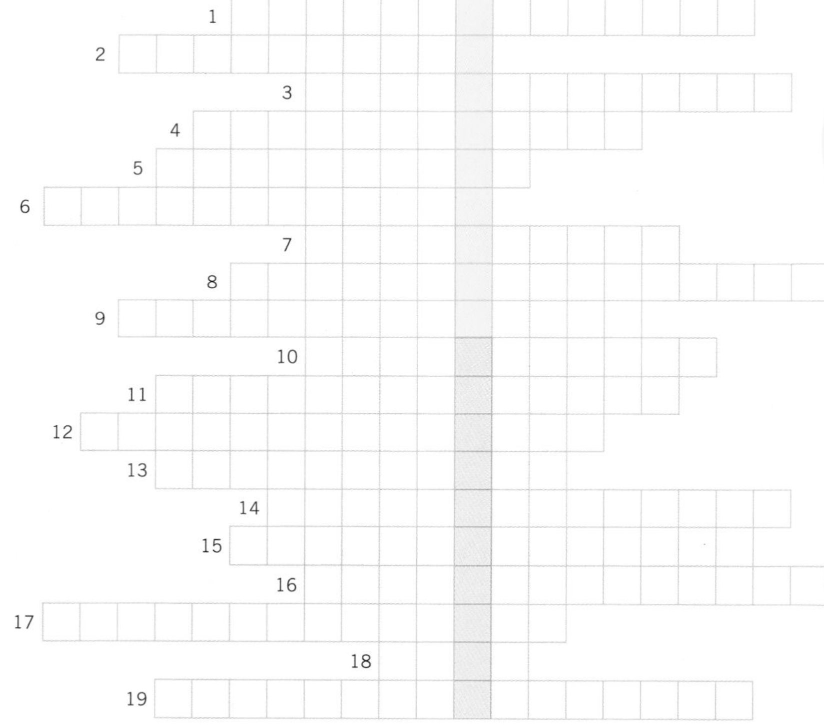

1 Si chiama _ _ _ _ _ _ _ _ _ _ la dose e modalità di somministrazione di un farmaco.

2 Familiarmente, il foglietto illustrativo che si trova nelle confezioni dei farmaci è detto "_ _ _ _ _ _ _ _ _ _ _ _ _ _".

1 Categoria di psicofarmaci per curare patologie psichiatriche, come depressione e disturbi dell'umore.
2 Indica i farmaci che inducono *anestesia*, cioè la perdita reversibile della sensibilità, della coscienza e del dolore.
3 Categoria di farmaci che trattano i sintomi delle reazioni allergiche, da quelle stagionali a quelle alimentari.
4 Categoria di medicinali detti anche "antifungini", perché contrastano le infezioni da funghi (miceti).
5 Proteggono e combattono le infezioni virali, dall'influenza all'HIV.
6 Lo è qualsiasi principio attivo che riduce la temperatura corporea durante gli stati febbrili.
7 Questo termine raggruppa i diversi medicinali *antalgici*, cioè che alleviano il dolore.
8 Categoria di medicinali che combattono le infiammazioni.
9 Categoria di medicinali per trattare malattie infettive e tumori: colpiscono il microrganismo patogeno o ostacolano la moltiplicazione cellulare.

10 Categoria dei medicinali che combattono la proliferazione dei batteri.
11 Composto che rallenta, o interrompe, la coagulazione del sangue; si usa per regolare la fluidità del sangue, per esempio per evitare trombosi dopo una frattura ossea.
12 Categoria di farmaci che provocano *emostasi*, cioè fermano il sanguinamento: molto usati negli interventi chirurgici.
13 Categoria di psicofarmaci che trattano i disturbi d'ansia e gli stati d'angoscia.
14 Categoria di farmaci che impediscono il concepimento e la conseguente gravidanza.
15 Categoria di medicinali che regolano la pressione, quando è troppo alta; vanno dai diuretici ai vasodilatatori, ai bloccanti del calcio.
16 Categoria di farmaci usati per trattare dolori acuti e cronici, come mal di schiena, artrite, dolore post-operatorio, sforzi muscolari eccessivi.
17 Medicinali che prevengono o contrastano i disordini della coagulazione del sangue.
18 Farmaci Antinfiammatori Non Steroidei
19 Proteggono la mucosa gastrica per difendere l'intestino quando si assumono medicinali, come antibiotici o antinfiammatori, e curano acidità di stomaco, gastrite...

7b Ora completa le prescrizioni del medico con le parole dell'esercizio 7a. Attenzione a singolare e plurale.

1 Lo so che hai una brutta infiammazione, ma prendi davvero troppi ______________________!
2 Lei è troppo agitato, signor Lisi. Le prescrivo un leggero ______________________.
3 Signora, per le sue cisti ovariche le prescrivo un ______________________ ormonale.
4 La sua micosi non passa, ormai è cronica... le prescrivo un ______________________ orale.
5 Vedrà che con questo ______________________ la sua pressione sanguigna si abbasserà.
6 Se la febbre supera i 38 gradi, puoi prendere un ______________________.
7 Sono iniezioni di ______________________ da fare sulla pancia: con una gamba rotta, non si scherza!
8 Le consiglio di andare da uno psicologo che le darà degli ______________________ da prendere.
9 In ospedale danno degli ______________________ quando impiantano un pacemaker.
10 La solita allergia di stagione, vero? E allora le prescrivo l'______________________.

Le vie di somministrazione dei medicinali

Le più comuni sono:
- vie di somministrazione enterali (orale, sublinguale, rettale);
- vie di somministrazione parenterali (intravascolare, intramuscolare, sottocutanea, intradermica);
- via di somministrazione inalatoria;
- via di somministrazione transcutanea.

8 Guarda le foto e scrivi, sotto a ognuna, la via di somministrazione giusta.

1 ______________________

2 ______________________

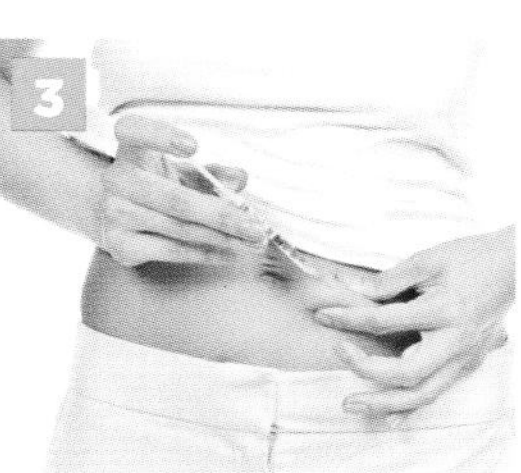
3 ______________________

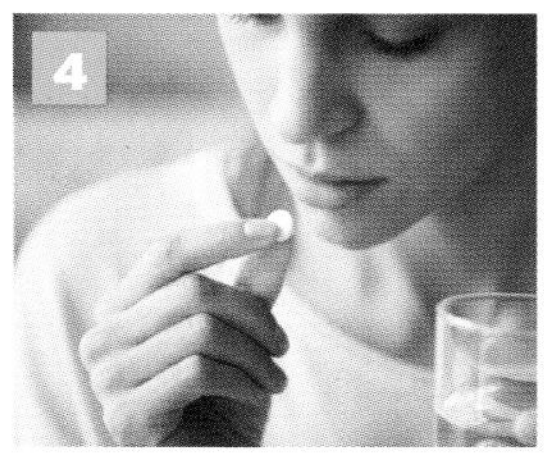
4 ______________________

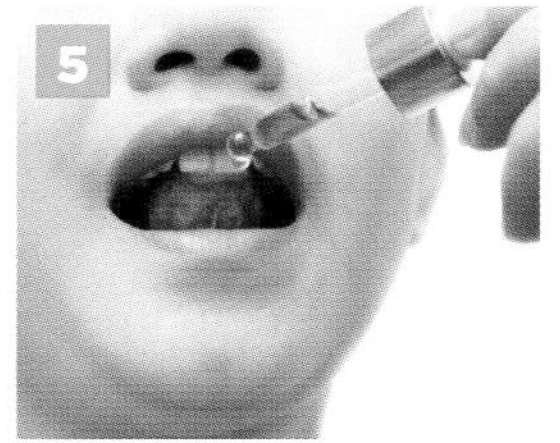
5 ______________________

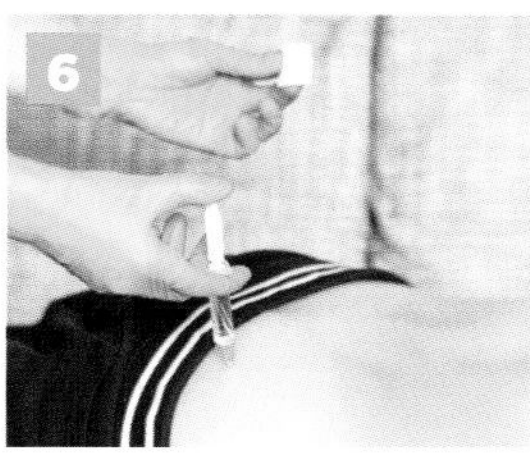
6 ______________________

GLOSSARIO ALFABETICO

alleviare ______________
calibro ______________
campione ______________
contrasto ______________
disciplinare ______________
invasivo/a ______________
palliativo ______________
prelevare ______________
prevenire ______________
protocollo ______________
reversibile ______________
ripristinare ______________
sonda ______________
valore ______________
versamento ______________

6 Il medico... e non solo

La professione del medico è sicuramente una delle più complesse per tipo di responsabilità e preparazione, e mutevoli, in base a come cambiano le disposizioni, le leggi e le situazioni del SSN. Vediamo insieme le figure e le prestazioni più comuni e, in generale, le mansioni di base.

Personale medico e infermieristico

In sintesi, ecco le figure base di un ospedale, di una clinica privata, di un poliambulatorio e delle strutture a carattere ospedaliero in genere.

- **Direttore sanitario:** si occupa della direzione dell'ospedale, dell'organizzazione del personale e tecnico-sanitaria e della supervisione igienico-sanitaria.
- **Dirigente medico di secondo livello** o **Responsabile Unità Operativa** (ancora "primario" nel linguaggio comune): ha la responsabilità di un reparto (Cardiologia, Pneumologia, Oncologia...) e a lui spettano la diagnosi definitiva dei pazienti e le loro terapie, la corretta compilazione della loro cartella clinica e la decisione sulle loro dimissioni.
- **Dirigente medico di primo livello:** è il medico ospedaliero, che aiuta il "primario" nello svolgimento dei suoi compiti.
- **Specializzando:** in genere è un giovane medico che, dopo la laurea, supera il concorso ministeriale e fa un tirocinio in ospedale, direttamente supervisionato dal personale medico.
- **Coordinatore infermieristico:** (ancora "caposala" nel linguaggio comune) è un infermiere/una infermiera che, alle dirette dipendenze del Dirigente medico di secondo livello, si occupa della direzione del personale infermieristico e ausiliario, del controllo della somministrazione dei farmaci e altro.
- **Infermiere/a**: è responsabile dell'assistenza al malato, della somministrazione delle terapie, delle medicazioni e altro.

1a 19 **Ascolta attentamente le frasi.**

1b 19 **Ora leggile e scrivi il nome della figura professionale giusta. Se necessario, ascolta ancora.**

1 Gianni, mi raccomando, controlla la temperatura del signor Bianchi, stamattina. Il dottore ha detto di dargli l'antipiretico in gocce, se supera i 38 di febbre, e di aumentare la dose se necessario. Fammi sapere.

____

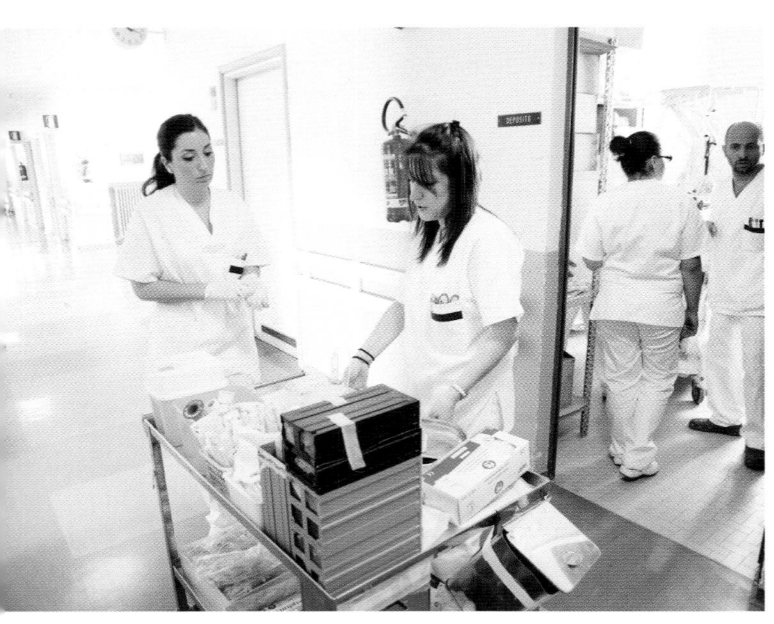

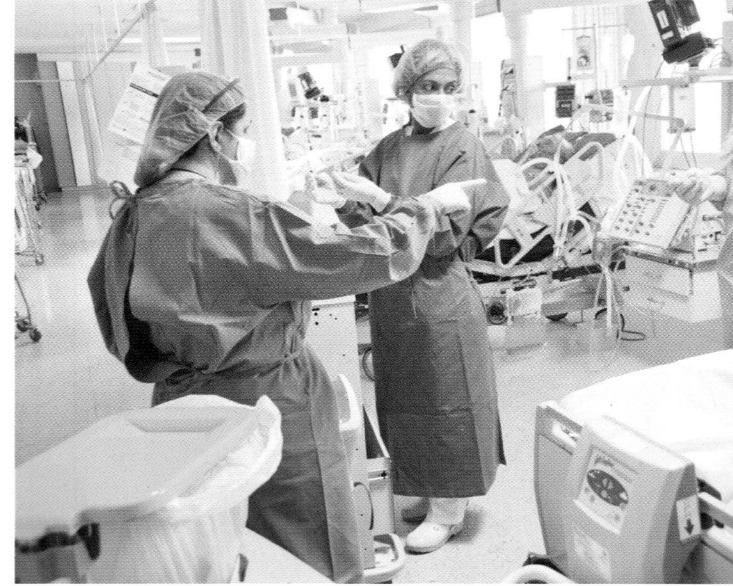

2 Domani mattina facciamo una riunione sulle nuove procedure di sterilizzazione e disinfezione che sono arrivate dal Ministero. Il controllo dello smaltimento dei rifiuti sanitari sarà, invece, argomento di discussione giovedì prossimo.

____

3 Buongiorno signora, come sta stamattina? Tra dieci minuti le cambio la fasciatura... no, non le faccio male, stia tranquilla!

____

4 Sì, signora Vinci, oggi la mando a casa, è contenta? Ho già firmato le sue dimissioni. Ha risposto bene alla terapia e al protocollo post operatorio... Mi raccomando, li continui anche a casa!

____

Ospedale e prestazioni Intramoenia

Sono le prestazioni erogate dai medici di un ospedale al di fuori dell'orario di lavoro. Non sono gratuite, in quanto i pazienti pagano al medico una parcella (che si può comunque detrarre dalle tasse), ma si ha il vantaggio di poter scegliere il medico che si preferisce. Questo usa ambulatori e strumentazione diagnostica dell'ospedale e, quindi, cede una parte della sua parcella all'ospedale.

Libera professione o prestazioni Extramoenia

In questo caso, il medico lavora come libero professionista in strutture o studi privati. Non deve nulla all'ospedale presso cui lavora, perché non ne usa né luoghi né strumentazione. La sua parcella è decisa dall'ordine professionale di appartenenza.

Il medico di base

Lo abbiamo già introdotto a pagina 28. Non lavora in strutture sanitarie, né pubbliche né private, ma nel suo ambulatorio, in convenzione con il SSN, anzi è il collegamento tra il cittadino e il SSN. Ogni cittadino, compiuti i 14 anni, può scegliere il suo medico di base, andando alla ASL (Azienda Sanitaria Locale). Sempre alla ASL è possibile cambiare il medico di base se quello che abbiamo non ci soddisfa o ci trasferiamo.

Tra i suoi compiti più importanti troviamo:

- gestire le patologie dei suoi assistiti con visita ambulatoriale, prescrizioni di farmaci, richieste di visite specialistiche e accertamenti diagnostici e proposta di ricovero in ospedale;
- occuparsi dei pazienti anche a domicilio se questi non possono effettivamente recarsi nel suo ambulatorio (la visita è gratuita);
- integrare l'assistenza a domicilio con assistenza infermieristica, riabilitativa o altro;
- tenere aggiornata la scheda sanitaria dei pazienti;
- redigere certificati obbligatori per legge (ad esempio, quello di malattia da mandare all'Inps (Istituto Nazionale Previdenza Sociale).

Un medico di base non può avere più di 1.500 pazienti e deve garantire l'apertura dell'ambulatorio per 5 giorni alla settimana. Può ricevere su appuntamento, è contattabile durante gli orari di ambulatorio ma non è tenuto alla reperibilità, come invece lo sono i medici ospedalieri.

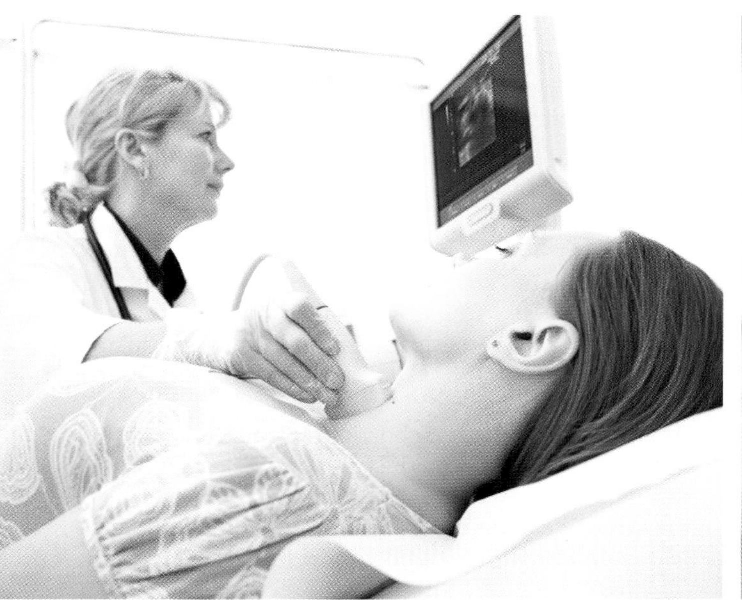

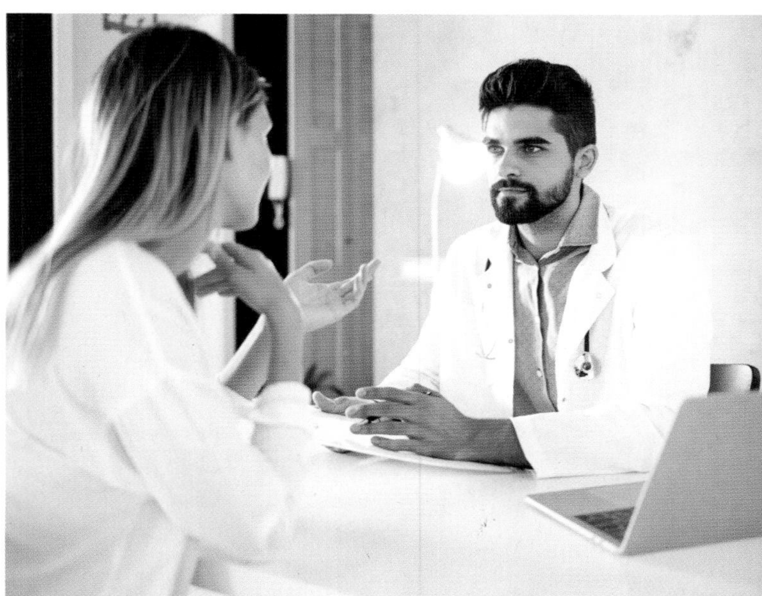

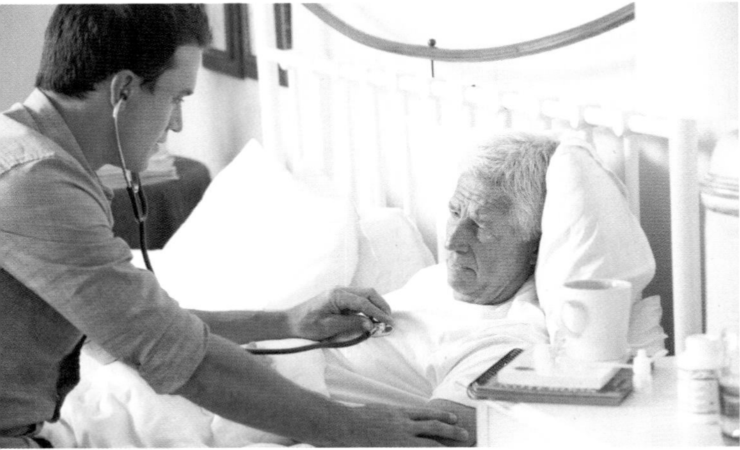

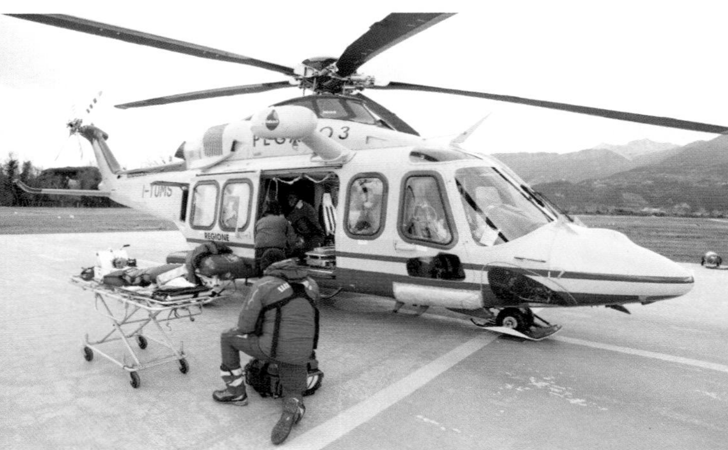

Il medico fiscale

È il medico dell'Inps (Istituto Nazionale Previdenza Sociale) che controlla l'effettivo stato di malattia di un lavoratore che si assenta perché sta male. Se un lavoratore si ammala e non può recarsi al lavoro, deve comunicarlo al suo medico di base, che lo visita in ambulatorio o a domicilio. Dopo la visita, il medico spedisce online all'Inps il certificato di malattia e ne comunica il numero di protocollo al lavoratore che, a sua volta, lo passa al proprio datore di lavoro. Per mandare il certificato all'INPS c'è tempo fino a tutto il primo giorno dell'assenza più quello successivo. A questo punto, il lavoratore malato è "in mutua" e deve restare a casa in orari fissi, perché l'Inps, o il datore di lavoro, ha il diritto di mandare una visita di controllo a domicilio, per accertare l'effettivo stato di malattia. Se il medico fiscale arriva e non trova il lavoratore malato in casa nelle fasce orarie obbligatorie, questo è passibile di sanzioni e/o provvedimenti disciplinari, a meno che non possa dimostrare di essere andato, per esempio, a fare una terapia o una visita medica.

Per i lavoratori nel settore privato l'orario di reperibilità la mattina è dalle ore 10 alle ore 12 e il pomeriggio dalle ore 17 alle ore 19. Per i lavoratori pubblici la reperibilità la mattina è dalle ore 9 alle ore 13 e il pomeriggio dalle ore 15 alle ore 18. Per alcuni stati di malattia particolari la reperibilità non è obbligatoria.

La guardia medica

È un servizio medico che garantisce l'assistenza in caso di emergenze o malori gravi, o comunque preoccupanti, che accadano nella notte di giorni feriali (dalle ore 20 alle ore 8) e nei giorni prefestivi e festivi (dalle ore 10.00 del sabato o del giorno prefestivo, alle ore 8.00 del lunedì o del primo giorno feriale). Ci si può recare direttamente all'ambulatorio della guardia medica o telefonare: il numero cambia a seconda della città. La richiesta di assistenza e l'eventuale visita a domicilio sono gratuite. I compiti principali dei medici di base, e dei pediatri, della guardia medica sono:

- assicurare il pronto intervento urgente, anche a domicilio;
- prescrivere i farmaci necessari per le terapie d'urgenza (per una durata massima di 3 giorni);
- redigere un certificato di malattia in caso di necessità (per una durata massima di 3 giorni);
- disporre, se necessario, il ricovero in ospedale.

Il medico specialista

È un medico-chirurgo che, dopo la laurea, ha ottenuto il diploma di specializzazione in un ramo particolare della medicina. Sa quindi riconoscere e affrontare patologie tipiche di un preciso ambito medico, operando anche in sinergia con altri specialisti, se necessario.

Il 118

È il numero telefonico di una Centrale Operativa che invia personale specializzato e mezzi di soccorso alle persone vittime di malori gravi o incidenti di vario genere. La Centrale Operativa organizza anche il trasporto, in ambulanza o eliambulanza, fino all'ospedale più vicino o adatto. Il servizio è gratuito e operativo 24 su 24. È possibile chiamarlo anche da un telefono cellulare che non abbia più credito, in quanto è un numero di soccorso.

2 Abbina a ogni specialista il suo ambito medico.

1 ☐ angiologo
2 ☐ cardiologo
3 ☐ chirurgo
4 ☐ odontoiatra
5 ☐ dermatologo
6 ☐ ematologo
7 ☐ endocrinologo
8 ☐ gastroenterologo
9 ☐ geriatra
10 ☐ ginecologo
11 ☐ neurologo
12 ☐ oftalmologo
13 ☐ oncologo
14 ☐ ortopedico
15 ☐ otorinolaringoiatra
16 ☐ pediatra
17 ☐ pneumologo
18 ☐ reumatologo
19 ☐ urologo

a si occupa dei disturbi del sistema nervoso
b è specializzato nelle malattie dell'apparato respiratorio
c è il medico specializzato nella diagnosi, nella cura e nella prevenzione dei tumori
d si occupa dei meccanismi ormonali e delle ghiandole endocrine
e svolge prevalentemente attività operatoria per diagnosticare e curare patologie di vario tipo
f è specializzato nel trattamento delle patologie dei vasi sanguigni
g si occupa delle patologie inerenti all'apparato genitale femminile e di contraccezione
h è specializzato nella cura del naso, dell'orecchio, della gola e dei vari organi collegati alla testa e al collo
i è lo specialista delle malattie dell'apparato urinario tra cui incontinenza, infezioni, disturbi delle funzioni sessuali e altro
l si occupa delle malattie dell'apparato cardiovascolare
m si occupa delle malattie del sangue e degli organi ematopoietici (in cui avviene la produzione degli elementi corpuscolari del sangue)
n è specializzato nei bisogni e problemi di salute tipici della terza età
o si occupa delle malattie degli occhi
p si occupa della salute dei denti e, in generale, dei tessuti che compongono la bocca
q cura le malattie reumatiche a carico dell'apparato locomotore e di tutti i tessuti connettivi dell'organismo
r si occupa della salute dell'apparato muscolo-scheletrico
s si occupa della cura delle malattie della pelle, delle mucose, dei capelli e delle unghie
t si occupa dello sviluppo psicofisico dei bambini e della terapia delle malattie infantili
u si occupa delle malattie del tratto gastrointestinale

GLOSSARIO ALFABETICO

certificato ________
disporre ________
disposizione ________
erogare ________
gestire ________
integrare ________
parcella ________
prescrivere ________
ramo ________
recare ________
redigere ________
sinergia ________
supervisione ________
tirocinio ________

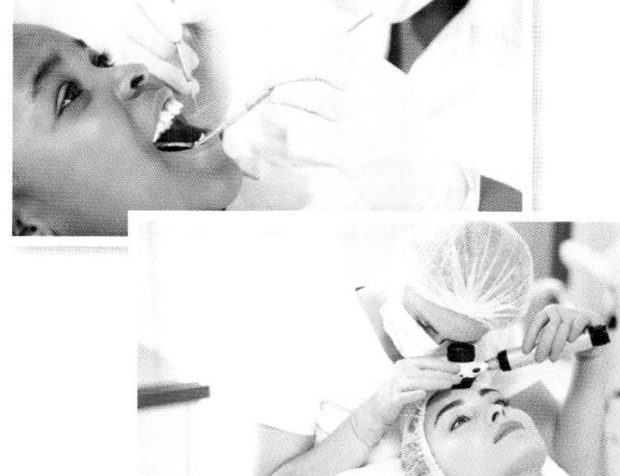

7 Gli infermieri

Sono una figura professionale indispensabile in ogni struttura sanitaria pubblica o privata e le loro mansioni sono in continua evoluzione. La pandemia del 2020, per esempio, ha cambiato non poco la loro figura professionale, mettendo in evidenza la questione della specializzazione e la creazione dell'infermiere di famiglia e comunità (IF/C). Sono comunque sempre subordinati alla prescrizione del medico e all'interazione con altri professionisti.

COME DIVENTARE INFERMIERI

Laurea triennale in infermieristica e Master I livello

Fa parte della Classe delle Professioni Sanitarie Infermieristiche e Professione Sanitaria Ostetrica. Chi la ottiene può diventare responsabile dell'assistenza generale infermieristica, sia di natura tecnica, che relazionale ed educativa, in quattro ambiti: assistenza, cura, prevenzione e riabilitazione. Le principali funzioni sono:

- prevenzione delle malattie;
- assistenza a malati e disabili di tutte le età;
- educazione sanitaria.

Laurea magistrale in scienze infermieristiche e ostetriche e Master II livello

Prosegue la Laurea triennale e "fornisce una formazione culturale e professionale avanzata per intervenire con elevate competenze nei processi assistenziali, gestionali, formativi e di ricerca. Ha l'obiettivo di fornire allo studente una formazione di livello avanzato per l'esercizio di attività di elevata complessità. La durata accademica definita è di 2 anni".

[da: FNOPI (Federazione Nazionale Ordini Professioni Infermieristiche)]

DIPENDENTI O LIBERI PROFESSIONISTI

Un infermiere può operare in strutture ospedaliere e/o case di cura (pubbliche o private), ma anche a domicilio di privati. Può pianificare gli interventi necessari in modo autonomo o su indicazione del medico e garantisce la corretta applicazione delle terapie prescritte. Sia dipendenti che professionisti devono:

- aver conseguito il diploma di laurea, che ha, quindi, anche funzione abilitante;
- essere iscritti all'albo professionale (Albo dei collegi IP.AS.VI.).

La legge 251/2000 permette agli infermieri di accedere a ruoli dirigenziali tra cui, dopo la Laurea Magistrale:

- infermiere addetto a funzioni direttive (Coordinatore infermieristico, cioè il vecchio "caposala");
- dirigente dell'assistenza infermieristica;
- infermiere insegnante dirigente.

1 Vero (V) o Falso (F)? Rispondi.

1 La Laurea triennale dà competenze in assistenza, cura, prevenzione e riabilitazione. ____
2 La Laurea triennale permette di assistere solo disabili. ____
3 La Laurea magistrale fornisce elevate competenze per l'esercizio di attività complesse. ____
4 La Laurea magistrale dura 2 anni. ____
5 Un infermiere non può fare assistenza domiciliare. ____
6 Con la Laurea magistrale gli infermieri possono raggiungere funzioni direttive. ____

L'infermiere di famiglia

Per l'infermiere di famiglia e comunità (IF/C) è necessaria una formazione specifica con l'acquisizione di titoli accademici come il master in Infermieristica di famiglia e comunità, e una competenza specialistica. Le competenze dell'IF/C sono clinico-assistenziali e comunicativo-relazionali oltre a un elevato grado di conoscenza della Rete dei Servizi sanitari e sociali, per soddisfare i bisogni dei cittadini, dai soggetti anziani ai pazienti cronici, fino agli istituti scolastici ed educativi e le strutture residenziali per non autosufficienti.

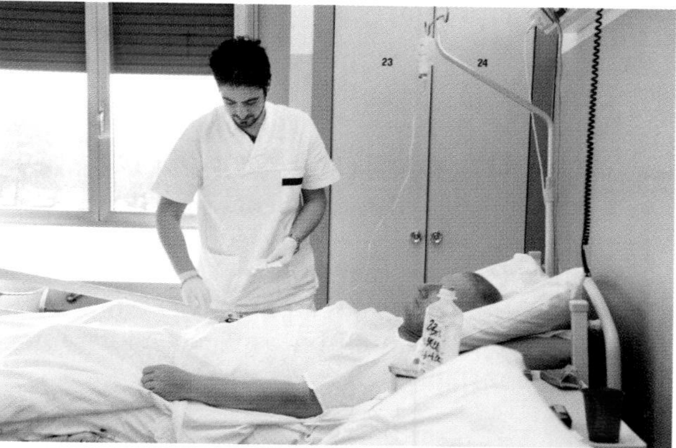

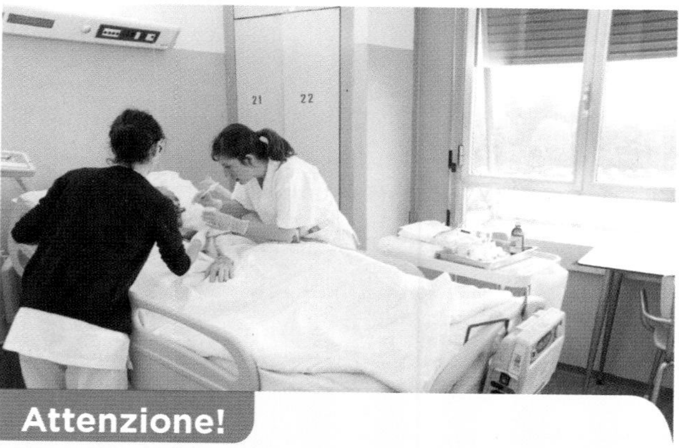

2 Cosa si può fare? Scrivi le mansioni al posto giusto.

- diventare coordinatore infermieristico
- fare educazione sanitaria
- diventare dirigente dell'assistenza infermieristica
- diventare insegnante dirigente
- diventare responsabile dell'assistenza generale infermieristica
- occuparsi di assistenza, cura, prevenzione e riabilitazione
- operare nella prevenzione delle malattie
- dare assistenza a malati di tutte le età
- intervenire con elevate competenze nei processi di ricerca

LAUREA TRIENNALE IN INFERMIERISTICA
______
______
______
______
______
______
______
______
______

LAUREA MAGISTRALE IN SCIENZE INFERMIERISTICHE E OSTETRICHE
______
______
______
______
______
______
______
______
______

Attenzione!

Il mercato del lavoro

Secondo il XXI Rapporto AlmaLaurea, tra chi ha ottenuto la Laurea triennale, dopo un anno:

- il 68,9% lavora;
- l'2,2% lavora ed è iscritto alla Laurea magistrale;
- il 7,1% non lavora ed è iscritto alla Laurea magistrale;
- il 5,5% non lavora, non è iscritto alla specialistica e non cerca lavoro;
- il 16,3% non lavora, non studia ma cerca occupazione.
- Lo stipendio mensile netto medio è 1.330 euro.

(tratto da: https://www.ammissione.it/area-sanitaria/professioni-sanitarie/ostetricia/)

3 Abbina ogni parola alla sua definizione.

1 ☐ indispensabile
2 ☐ mansioni
3 ☐ relazionale
4 ☐ avanzato
5 ☐ elevato
6 ☐ competenza
7 ☐ gestionali
8 ☐ operare

a molto specializzato
b che riguardano l'organizzazione di qualcosa
c lavorare
d compiti specifici di un lavoro
e assolutamente necessario
f che riguarda le relazioni tra le persone o tra enti e persone
g davvero notevole
h grande capacità e conoscenza

CHE COSA FA UN INFERMIERE

Le tecniche di base, le più comuni

La somministrazione della terapia

La sua complessità è estremamente variabile, a seconda delle tecnologie in uso (cartella informatizzata, carrello di terapia elettronico, armadio elettronico…) e a seconda della terapia stessa (dal semplice antipiretico alla chemioterapia, radioterapia metabolica, ecc).

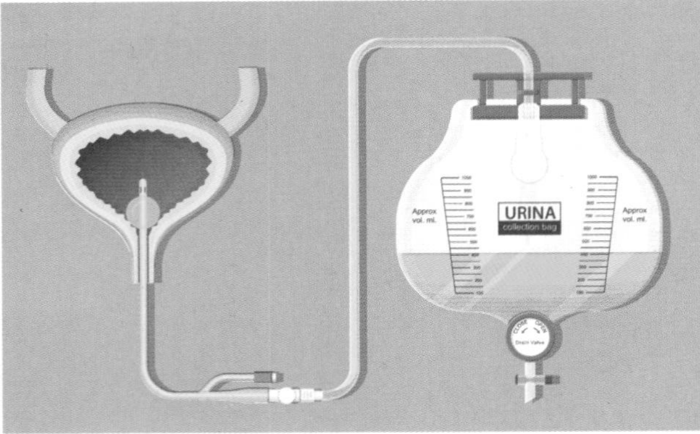

Il cateterismo vescicale

È una procedura che serve a liberare la vescica dall'urina. Prevede l'uso del catetere vescicale che viene fatto passare attraverso l'uretra (catetere vescicale uretrale) o un foro praticato sull'addome (catetere vescicale sovrapubico) e portato fino alla vescica. Questa procedura, per quanto molto comune, non è esente da rischi e da complicazioni.

Il clisma evacuante

È comunemente detto "clistere", dal nome degli strumenti usati. Si tratta di un lavaggio intestinale da fare in casi di irregolarità intestinali, preparazione a interventi chirurgici o alcune indagini diagnostiche. Si usano strumenti diversi: il **clistere** (peretta o pompetta) contiene una concentrazione di acqua molto bassa e serve per i disturbi lievi. L'**enteroclisma**, invece, ha una sacca da 2 litri unita a una canna flessibile (cannula rettale o vaginale) dotata di rubinetto.

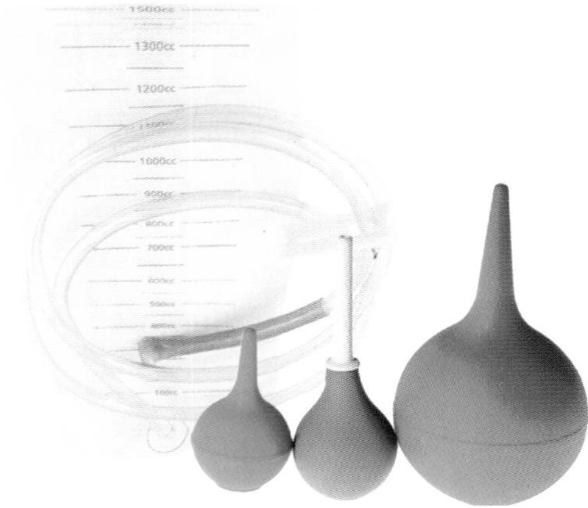

Il prelievo venoso (o ematico)

In pratica si preleva un campione di sangue venoso con una siringa per scoprire lo stato di salute del paziente.
I passi fondamentali della procedura, sono:

- posizionare il braccio del paziente in linea retta dalla spalla al polso;
- applicare il laccio emostatico 8-10 cm sopra il sito di puntura scelto;
- accertare la presenza di polso distale: se non si sente, allentare il laccio emostatico;
- far aprire e chiudere il pugno al paziente più volte;
- con la palpazione, localizzare la vena da pungere (compatta ed elastica alla palpazione);
- con un dito, a 3 cm dal sito di puntura, tendere la pelle del paziente;
- pungere la cute tenendo la smussatura dell'ago verso l'alto;
- fa avanzare la provetta contro l'ago fino alla perforazione del tappo e attendere il riempimento della provetta;
- rimuovere il laccio emostatico.

Il prelievo arterioso (o emogasanalisi)

È una delle tecniche più difficili per la precisione necessaria nel fare il foro. In genere viene attuato da un medico, ma può essere fatto da un infermiere se ha requisiti certificati di preparazione.
In generale, serve per valutare l'efficacia degli scambi gassosi o di terapie con somministrazione di ossigeno. L'uso di una cannula arteriosa diminuisce il numero di fori e limita il rischio di infezioni. Durante questo tipo di prelievo, si attua il **test di Allen**:

- il paziente stringe con forza il pugno per circa 30 secondi;
- l'operatore comprime contemporaneamente arteria ulnare e radiale;
- il paziente riapre la mano, ormai pallida;
- l'operatore rilascia la compressione sull'arteria ulnare.

Se la mano non riprende colore entro 5-7 secondi è sconsigliato pungere o incannulare l'arteria radiale.

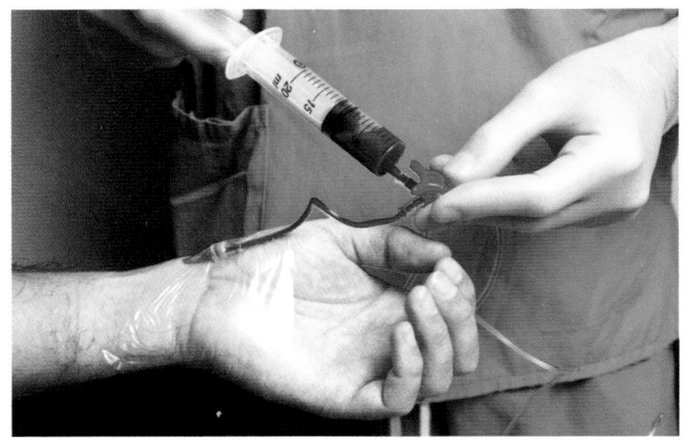

La medicazione semplice

Indica una serie di trattamenti finalizzati alla riparazione tissutale e alla guarigione delle lesioni, che vengono trattate con farmaci, come disinfettanti o cicatrizzanti, e materiali sterili come garze, cerotti o bende, che proteggono la parte lesionata dall'ambiente esterno, evitando così infezioni. La medicazione semplice è adatta a lesioni cutanee superficiali o anche più profonde, ma guaribili rapidamente e senza complicazioni, chiuse con cerotti o punti di sutura.
I passaggi fondamentali di una medicazione semplice sono:

- disinfettare la ferita con un prodotto apposito, muovendosi dall'interno all'esterno;
- tamponare e asciugare la ferita con ferri chirurgici;
- applicare uno strato di pomata topica;
- coprire la ferita con garze sterili e applicare, se necessario, una retina.

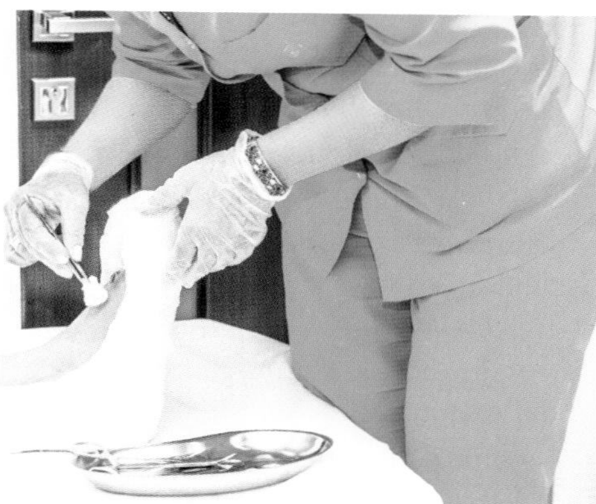

In ospedale, o in casi particolari, il paziente non deve rimuovere la medicazione, che va cambiata dall'infermiere in genere ogni 3 o 4 giorni, a parte casi specifici. Cambiare la medicazione troppo spesso, una volta ben disinfettata e sigillata la ferita, può favorire le infezioni, in quanto i tessuti danneggiati vengono a contatto con l'aria.

Il drenaggio

Con questo termine si intende una tecnica per eliminare dal corpo del paziente ogni tipo di fluido o secrezione dannoso o in eccesso. Il drenaggio può essere "aperto" o "chiuso".

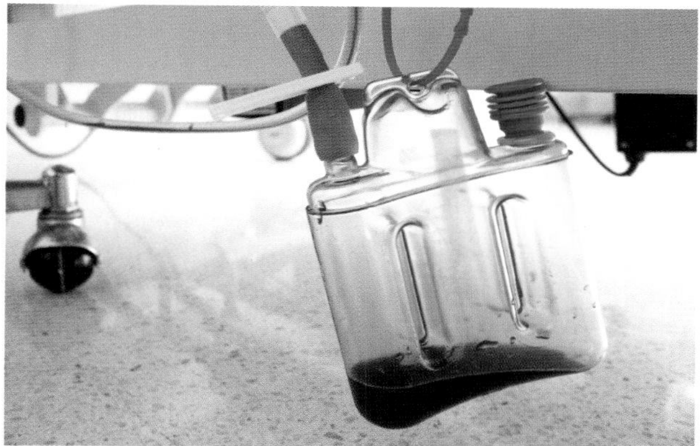

Riguardo al primo, ce ne sono di veri tipi, da quello molto semplice fatto con una garza disinfettata in caso, per esempio, di una suppurazione, a quello tubolare, che drena i liquidi all'esterno. Quello chiuso (REDON), invece, è sottovuoto, con un soffietto.

In caso di drenaggio, i compiti principali dell'infermiere sono:

- rilevare le caratteristiche del liquido;
- misurare la quantità di liquido;
- svuotare la sacca;
- riattivare il dispositivo di aspirazione;
- mantenere le condizioni di sterilità;
- mantenere la pervietà, cioè l'idoneità del tubo al passaggio dei fluidi.

La rilevazione dei parametri vitali

Con l'espressione **parametri vitali** ci si riferisce alla misurazione di:

- frequenza cardiaca (FC);
- pressione arteriosa (PA);
- temperatura corporea (T°);
- frequenza respiratoria (FR);
- stato di coscienza;
- peso corporeo;
- stato emotivo;
- dolore;
- stato di cute e mucose;
- pulsossimetria, cioè misurazione del livello di ossigeno nel sangue.

La nutrizione enterale

Consiste nella somministrazione di sostanze nutritive. Ha due modalità principali: il sondino naso-gastrico, (SNG) oppure la stomia (PEG cioè Gastrostomia Endoscopica Percutanea),

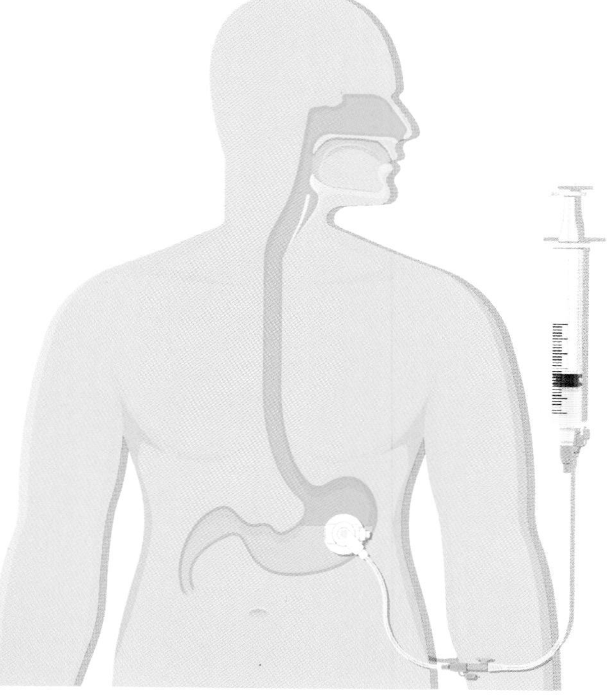

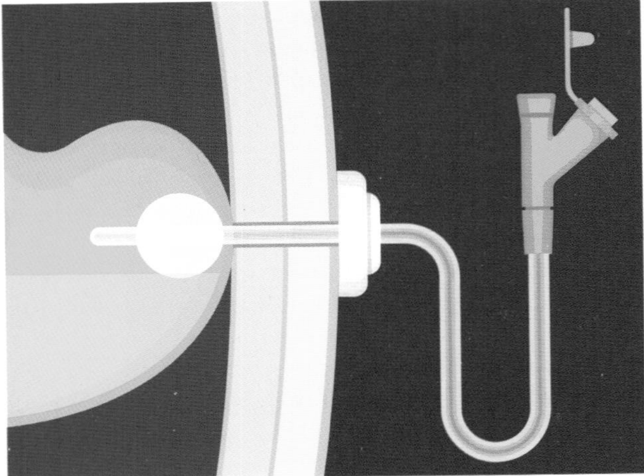
Gastrostomia Endoscopica Percutanea

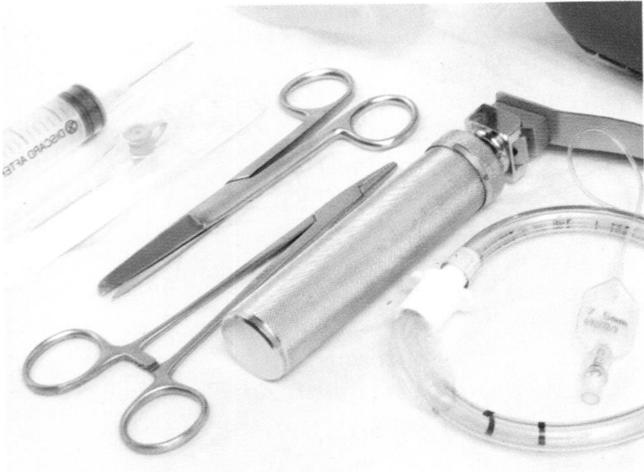
Strumenti per intubazione

un intervento chirurgico effettuabile in diversi tratti dell'apparato gastrointestinale, durante il quale si crea un canale tra l'intestino e l'esterno. Infine troviamo la NED (Nutrizione Enterale Domiciliare), di facile gestione, che garantisce al paziente la migliore qualità di vita possibile, in una vita il più possibile normale.

La tracheoaspirazione

Ha lo scopo di rimuovere secrezioni, sangue, o altri materiali estranei dalle vie aeree, nei casi in cui il paziente non possa liberarle in modo autonomo o nelle emergenze. È una manovra delicata e bisogna continuamente monitorare la frequenza cardiaca, la SpO2 (saturazione di ossigeno), la traccia elettrocardiografica, il colorito della cute e la pressione arteriosa.

Ecco, in sintesi, le operazioni necessarie:

- introdurre il sondino nella cannula;
- azionare l'aspiratore, ritirando il catetere con movimenti rotatori;
- pulire l'esterno del sondino e chiudere il sistema di aspirazione;
- valutare attentamente le condizioni del paziente;
- staccare il sondino dal tubo di aspirazione e controllare il colore, l'odore e la consistenza delle secrezioni aspirate;
- sistemare il paziente in una posizione comoda per favorire la respirazione.

Attenzione!

Intubazione orotracheale

Una delle tecniche principali usate durante la pandemia del 2020. Per la preparazione, si può ricordare l'acronimo LEMON:

L = **Look Externally** cioè cercare esternamente caratteristiche di intubazione o ventilazione difficoltosa;

E = **Evaluate 3-3-2** cioè le diverse distanze tra incisivi superiori e inferiori, osso ioide e mento, e scudo tiroideo e pavimento della bocca, in modo da allineare gli assi faringeo, laringeo e orale;

M = **Mallampati**, una classificazione usata in anestesia per predire, prima di procedere, la difficoltà di intubazione; si chiede al paziente di sedersi, aprire bene la bocca e spingere fuori la lingua al massimo;

O = **Obstruction**, cioè tutto quello che ostruisce le vie aeree come l'epiglottide.

N = **Neck Mobility**, cioè la mobilità del collo. Il paziente piega il mento e poi tende il collo fino a guardare il soffitto.

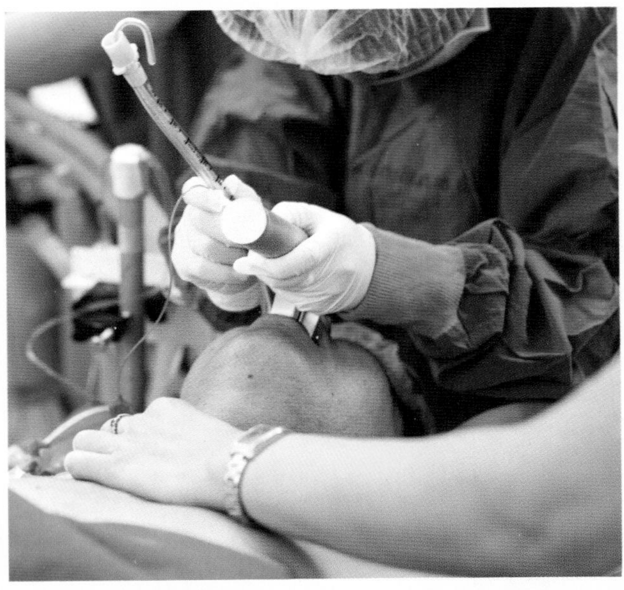

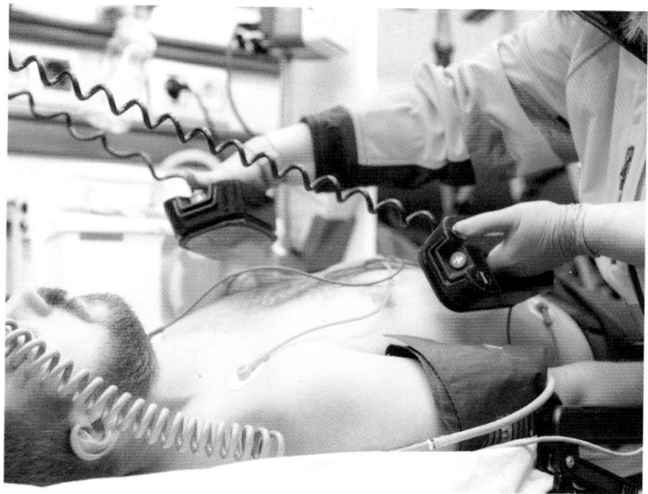

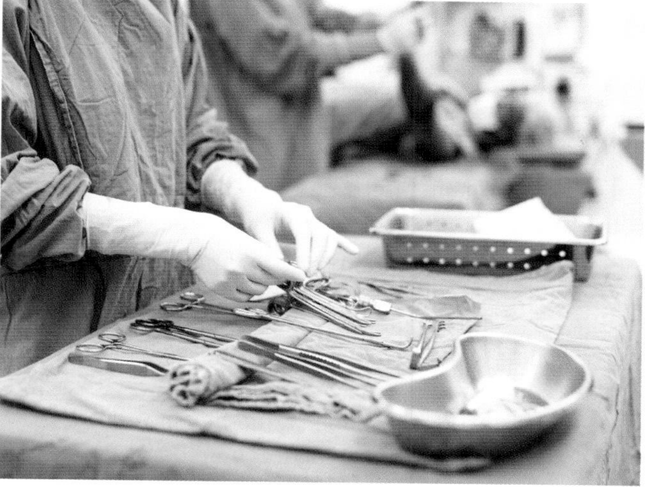

Strumentisti in sala operatoria

BLS-D (Basic Life Support and Defibrillation)
È il supporto di base alle funzioni vitali e la defibrillazione, una tecnica di primo soccorso per la rianimazione cardio-polmonare (RCP).

Le tecniche specialistiche, le più comuni

Intendiamo le tecniche che richiedono l'intervento di infermieri specialisti, come:

- infermieri per le medicazioni complesse (avanzate), cioè lesioni gravi che hanno bisogno di materiali dedicati e comportano, ad esempio, la rimozione dei tessuti necrotizzati;
- gli infermieri stomisti (vedi nutrizione enterale) che si occupano della riabilitazione degli stomizzati, permettendo loro di avere una vita il più possibile normale;
- gli infermieri che operano nell'area critica/terapia intensiva e si occupano di pazienti intubati, posizionano CVC (Catetere Venoso Centrale) e rilevano i parametri vitali con strumentazioni dedicate;
- gli strumentisti in sala operatoria;
- gli infermieri in UTIN (Terapia Intensiva Neonatale);
- impiantatori di PICC (Catetere centrale a inserimento periferico) per la chiemoterapia o CVC (Catetere Venoso Centrale per l'infusione di liquidi, somministrazione di farmaci endovena e nutrizione parenterale).

Attenzione!

FNOPI
La Federazione nazionale Ordini delle Professioni Infermieristiche è un ente pubblico non economico, che raccoglie tutti gli ordini professionali degli infermieri e degli infermieri pediatrici delle province italiane. La Federazione è stata istituita nel 2018 e, a partire da questa data, è stato eliminato l'uso dei nomi "infermiere professionale" e "vigilatrici di infanzia", oggi rispettivamente "infermiere" e "infermieri pediatrici". Tutti gli infermieri, per poter esercitare, devono essere iscritti al loro Ordine provinciale. www.fnopi.it.

ROLE play

A coppie. Durante un prelievo venoso, uno/a di voi è il/la paziente e l'altro/a l'infermiere/a.
Il/La paziente chiede all'infermiere/a che cosa gli/le farà e l'infermiere/a risponde.

Guardate l'esempio.

INFERMIERE/A	PAZIENTE
Buongiorno, si sieda per favore e appoggi il braccio sul tavolo. ·····▸	*Così?*
No, più dritto per favore... ecco così, grazie. Ora le metto il laccio emostatico. ·····▸	*Paziente: Così in alto?*
Sì, va a circa 10 centimetri sopra il sito di puntura. Vede? Il suo è qui.	

ESERCITIAMO!

4 Caterina è un'infermiera. Ascolta 3 dialoghi tra lei e i suoi pazienti e completali con le parole che senti.

20 Inserimento del catetere venoso periferico

- Buongiorno, signora Bianchi! Tutto bene? Oggi le mettiamo un cateterino venoso, così possiamo darle i farmaci senza dover fare tanti buchi.
- Oddio! Cos'è quell'________?
- Non è un ago, è solo una ________________! È in poliuretano, vede? È morbida!
- Sì, ma dentro c'è un ago! E pure bello grosso!
- Non è un ago, ma una ________________ metallica, signora! Serve per la ________________ della vena e per ________________ la cannula all'interno del ________________... vede? Guardi, la sposto in avanti con queste ________________!
- E quell'ago mi rimane dentro?
- No, stia tranquilla! Solo la cannula! Guardi: qui attacchiamo il ________________ della fisiologica e qui, alzando questo coperchio, le mettiamo i farmaci da ________________, così non la buchiamo più.
- Insomma, mi ____________ una volta sola e poi basta...
- Esatto! È pronta? Faccio in un attimo!

21 La rimozione del catetere vescicale

- Buone notizie, signora Bianchi! Oggi le togliamo il catetere vescicale!
- Ma farà male?
- No! Forse un pochino di ________________, ma niente di che! Comunque la informo prima su tutto, così lei sa cosa faccio e non si preoccupa.
- Va bene.
- Allora, prima di tutto la ________________... aspetti che tiro la tenda, così non la vede nessuno.
- Ecco, brava... mi vergogno!
- Ma no, siamo solo io e lei. Ora le metto il ________________ assorbente sotto, così non sporchiamo il letto... alzi un pochino il sedere signora... ecco, bravissima! Ora la ________________ ... o preferisce farlo lei?
- No, no... ho paura di toccare il catetere! Faccia lei, per favore!
- Fatto! Ora tiro il ________________ e svuoto la ________________ con una ________________! Ecco... piano piano... abbiamo fatto! Svuoto la siringa nella ________________... Ecco! Ora ________________ il catetere e abbiamo finito. Vuole pulirsi da sola?
- Sì, ora sì, grazie!

22 L'iniezione sottocutanea

- Senta Caterina, mi scusi... ma io ho un po' paura di queste iniezioni sulla pancia... me le spiega? A casa dovrò farmele da solo...
- È molto semplice, signor Vasi. Allora, prima di tutto lei sente il tessuto ________________ con la mano e sceglie un sito di ________________, cioè il posto giusto per la puntura. Poi disinfetta il sito e prende con due dita la __________ cutanea, cioè il posto dove deve fare l'iniezione... così! E poi fa l'iniezione.
- Ecco, è questo che mi preoccupa!
- No, non deve... vede, l'ago è piccolo e corto. Lo inserisce con un'angolazione tra 45 e 90 gradi, a seconda dello strato ________________, e poi inietta il farmaco. Infine disinfetta, premendo un pochino, ma senza ________________ mi raccomando!

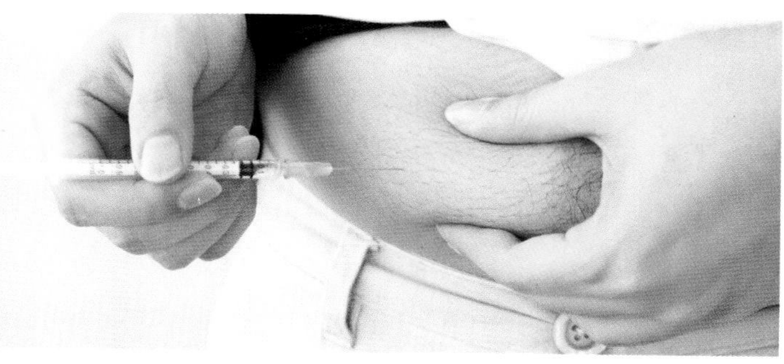

– È come le altre iniezioni, in pratica.
– Anche meglio, guardi! Però è importante ricordare dove fa le varie iniezioni, così evita problemi. Tenga d'occhio i siti di punzione, insomma!

5 Completa le espressioni con le parole nel riquadro.

arteria — arterioso — chiuso — clisma — cutanee — emostatico — Enterale — enteroclisma — flessibile — informatizzata — Intensiva — intestinale — metabolica — necrotizzati — ossigeno — palpazione — riabilitazione — riparazione — rotatori — soffietto — sondino — sterili — stomisti — terapia — topica — uretrale — vescicale

1 applicare il laccio ____________
2 applicare uno strato di pomata ____________
3 azionare l'aspiratore, ritirando il catetere con movimenti ____________
4 carrello di ____________ elettronico
5 cartella clinica ____________
6 catetere vescicale ____________ e catetere ____________ sovrapubico
7 ____________ evacuante
8 con la ____________, localizzare la vena da pungere
9 gli infermieri in UTIN cioè in Terapia ____________ Neonatale
10 gli infermieri ____________ si occupano della ____________ degli stomizzati
11 il drenaggio può essere "aperto" o "____________"
12 il prelievo ____________ serve per controllare gli scambi gassosi
13 il REDON è sottovuoto con un ____________
14 l'____________ ha una sacca da 2 litri unita ad una canna ____________
15 l'SNG è il ____________ naso-gastrico
16 la medicazione semplice è adatta a lesioni ____________ superficiali
17 la pulsossimetria è la misurazione del livello di ____________ nel sangue.
18 la rimozione dei tessuti ____________
19 lavaggio ____________ da fare in casi di irregolarità intestinali
20 materiali ____________, come garze, cerotti o bende
21 NED significa Nutrizione ____________ Domiciliare
22 Nel test di Allen l'operatore comprime ____________ ulnare e radiale
23 radioterapia ____________
24 trattamenti finalizzati alla ____________ tissutale

GLOSSARIO ALFABETICO

acquisizione ____________
applicare ____________
applicazione ____________
complessità ____________
compressione ____________
conseguire ____________
disabili ____________
escoriazione ____________
flessibile ____________
foro ____________
interazione ____________
intervenire ____________
lesioni ____________
monitorare ____________
palpazione ____________
pazienti cronici ____________
pianificare ____________
posizionare ____________
praticare ____________
prevedere ____________
procedura ____________
smussatura ____________
soffietto ____________
soggetti anziani ____________
stomizzato ____________
suppurazione ____________
tamponare ____________
tissutale ____________

ROLE play

A coppie. Siete due infermieri: scegliete una delle tecniche infermieristiche di base e create un piccolo dialogo.
Descrivete:
- il tipo di paziente
- il tipo di patologia
- i vari passaggi della tecnica infermieristica.

Poi drammatizzate il dialogo davanti alla classe.

8 L'OSS, l'OSA

L'OSS

L'Operatore Socio Sanitario è una figura di supporto infermieristico, che si occupa dell'assistenza di base ai pazienti, per garantirne il benessere psicofisico e sociale. Collabora con altri OSS, medici, infermieri, assistenti sociali, fisioterapisti e associazioni di volontariato in ospedali, comunità alloggio e residenze per anziani (RSA, RA, RAF..., vedi pagina 57), in centri diurni e anche a domicilio del paziente ed è una figura professionale in continua evoluzione.

Attenzione!

Lo status giuridico... per ora
L'OSS è una figura importantissima, ma un po' controversa in ambito socio-sanitario. La sentenza del TAR n.13270 del 10/12/2020 dice che l'OSS non può essere annoverata tra le professioni sanitarie. Art.5, comma 5, della legge 11 gennaio 2018, n.3: "*sono compresi nell'area professionale i profili di operatore socio sanitario, assistente sociale, sociologo ed educatore professionale, questo non cambia lo status giuridico, che rimane un 'operatore di interesse sanitario'* ".

Cosa può fare l'OSS

L'OSS si occupa di tutto ciò che riguarda il monitoraggio e il benessere del paziente.
Le sue mansioni sono molteplici, per esempio:

- supportare il personale infermieristico nelle terapie del paziente;
- fare piccole medicazioni "a piatto", senza l'utilizzo di farmaci;
- usare specifici protocolli per mantenere la sicurezza del paziente, riducendo al massimo il rischio;
- eseguire attività di sterilizzazione, sanitizzazione, sanificazione degli ambienti e raccolta stoccaggio rifiuti;
- svolgere attività finalizzate all'igiene personale, al cambio della biancheria, all'espletamento delle funzioni fisiologiche, all'aiuto nella deambulazione, all'uso corretto di presidi, ausili e attrezzature, all'apprendimento e mantenimento di posture corrette;
- applicare misure di prevenzione delle ulcere da decubito;
- controllare e assistere la somministrazione delle diete, senza sostituirsi a dietisti e nutrizionisti ma affiancandoli nelle loro attività;
- provvedere al trasporto di utenti, anche allettati, in barella-carrozzella;
- aiutare i pazienti non autosufficienti nello svolgimento delle attività quotidiane;
- attività ricreative o che aiutino a migliorare lo stato psicologico del paziente.

Cosa non può fare l'OSS

In genere, non può fare azioni di competenza medico-infermieristica. Per esempio:

- fare iniezioni sottocutanee, intramuscolari, somministrare insulina, e più in generale, dei farmaci, mansione che rientra tra le competenze mediche e infermieristiche;
- praticare il cateterismo vescicale, anche se può affiancare l'infermiere occupandosi dell'igiene del paziente prima dell'applicazione del catetere;
- somministrare ossigeno a pazienti affetti da insufficienza respiratoria, cronica o acuta.

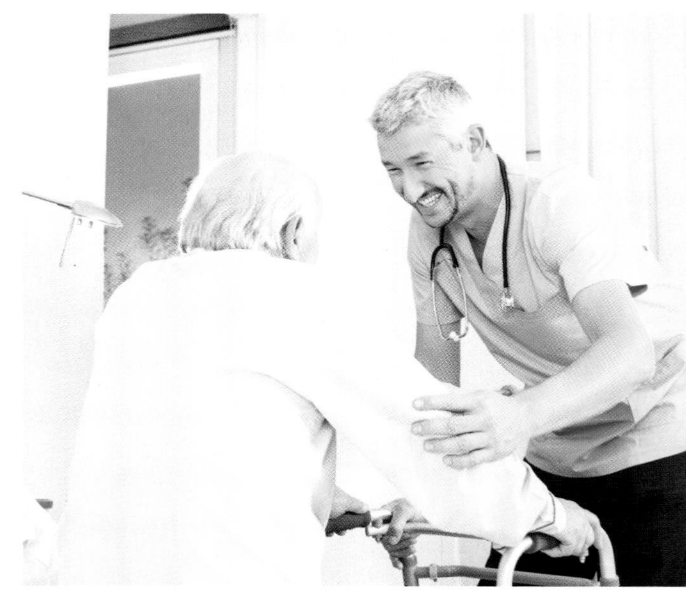

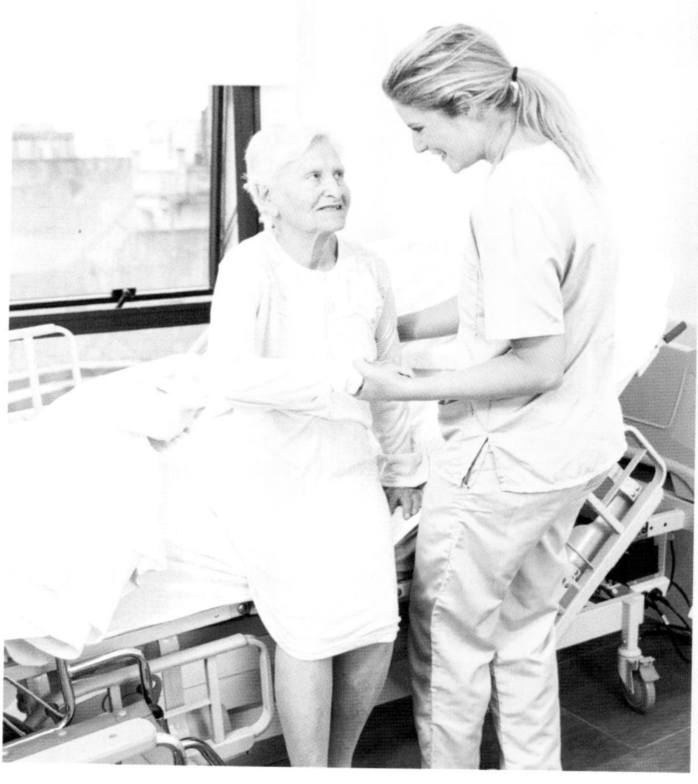

Attenzione!

Residenze per anziani e non solo
RA: Residenza Assistenziale, cioè una residenza per anziani autosufficienti che offre un livello minimo di assistenza tutelare e alberghiera.
RAB: Residenza Assistenziale di Base.
È una struttura residenziale per persone autosufficienti e parzialmente non autosufficienti.
RAF: Residenza Assistenziale Flessibile, cioè una struttura socio-assistenziale per persone in condizioni psico-fisiche di non-autosufficienza di media intensità;
RSA: Residenza Sanitaria Assistenziale.
Struttura non ospedaliera che ospita, anche a tempo indeterminato, persone non autosufficienti che necessitano di cure mediche.
RISS: Residenza Integrata Socio Sanitaria.
CD: Centro Diurno. Fornisce un servizio di assistenza a sostegno della vita domestica e di relazione.
CDI: Centro Diurno Integrato. Per anziani parzialmente non autosufficienti o non autosufficienti, che necessitano di prestazioni di carattere assistenziale e sanitario.

La formazione di un OSS si basa su un corso di 1.000 ore tra lezioni in aula e tirocinio: la frequenza è obbligatoria. Materie di studio: area socio-culturale, istituzionale e legislativa, area psicosociale e area igienico-sanitaria e tecnico-operativa.

Al termine del corso l'OSS, sostanzialmente, può occuparsi di:

- assistenza diretta alla persona nel governo della casa e nell'igiene personale;
- aiuti semplici alle tecniche infermieristiche e tecnico-sanitarie;
- comunicare e relazionarsi con la persona assistita e la sua famiglia;
- collaborare nella rilevazione dei bisogni e delle condizioni che possono danneggiare ulteriormente la persona in difficoltà.

Attenzione!

L'Operatore Socio Sanitario con formazione complementare in assistenza sanitaria
Detto anche OSSS (Operatore socio sanitario specializzato) svolge alcune mansioni che prima venivano attribuite solo agli infermieri e in particolare la somministrazione di terapie farmacologiche, non solo per via orale, ma anche intramuscolare e sottocutanea. Sempre, però, sotto le direttive o la supervisione degli infermieri. Tra le molteplici mansioni, può rilevare alcuni parametri vitali come frequenza cardiaca e temperatura, fare medicazioni semplici e bendaggi o respirazione artificiale e massaggio cardiaco esterno. Il suo profilo è regolamentato dal 2003. Anche nel caso dell'OSSS, la situazione evolve e cambia piuttosto rapidamente.

1 Vero (V) o Falso (F)? Rispondi.

1 L'OSS è una figura professionale autonoma. ____
2 Il suo obiettivo è garantire il benessere psicofisico e sociale agli assistiti. ____
3 Non può lavorare in ospedale. ____
4 L'OSS è un operatore di interesse sanitario. ____
5 La formazione di un OSS non prevede tirocinio. ____
6 Una Residenza Sanitaria Assistenziale è una struttura ospedaliera. ____
7 L'OSS non può somministrare farmaci. ____
8 L'OSS non può supportare i dietologi. ____
9 Può aiutare un paziente a deambulare. ____
10 Deve prevenire le ulcere da decubito. ____
11 Può fare iniezioni intramuscolari. ____
12 L'OSSS può fare massaggio cardiaco esterno. ____

L'OSA

L'Operatore Socio Assistenziale è l'operatore la cui formazione mira a soddisfare i bisogni primari della persona, in un contesto sia sociale che sanitario, favorendo autonomia e benessere. Segue e aiuta persone di ogni età con tipi di difficoltà diversi, come difficoltà fisiche, sociali, mentali o psichiche. Può quindi essere di aiuto ad anziani, minori, persone portatrici di handicap o tossicodipendenti.

Tra le sue mansioni principali:
- somministrazione di pasti
- igiene personale
- trasporto per visite e altri impegni
- accudimento e prenotazione di visite specialistiche

Dove può lavorare

Può svolgere le sue attività sia nel settore sociale e in quello sanitario, in servizi di tipo socio assistenziale, residenziale o semiresidenziale, sia in ospedale che a domicilio.
In particolar modo la sua figura professionale trova un'adeguata collocazione nelle RSA (Residenze Sanitarie Assistenziali).

Tipi di competenze

- **Tecnico specifico:** norme di primo soccorso e pronto intervento, elementi di igiene, tecniche domestico alberghiere, metodologie di trasporto e mobilità degli utenti;
- **Intellettivo:** è formato nelle principali tipologie di utenti e nelle relative problematiche;
- **Morale:** sa interagire sia con l'équipe che con l'utente.

2a (23) **Ascolta la testimonianza di Adriano, OSS. Poi segna i concetti che senti.**

- ☐ ridare dignità
- ☐ essere in sofferenza
- ☐ ridere e scherzare
- ☐ creare un rapporto di fiducia
- ☐ umanizzazione della cura
- ☐ avere passione e interesse

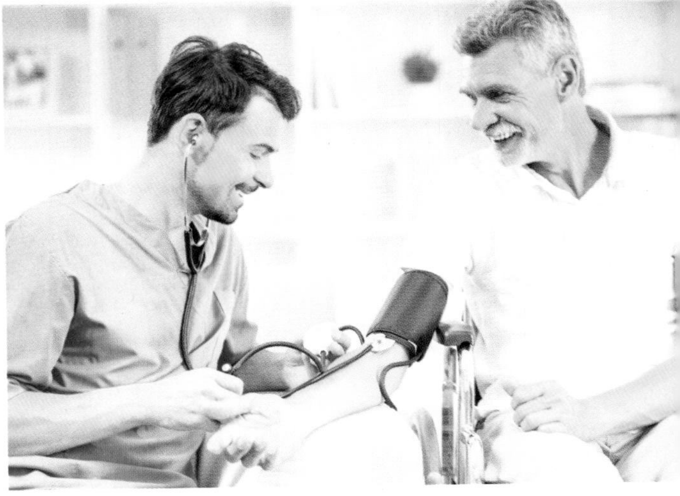

2b **A coppie. Cosa vi ha colpito della testimonianza di Adriano? Siete d'accordo con lui? Parlatene insieme e, poi, con il resto della classe.**

Attenzione!

L'umanizzazione della cura

"L'umanizzazione delle cure è l'attenzione alla persona nella sua totalità, fatta di bisogni organici, psicologici e relazionali e oggi è tema di grande attualità. Le crescenti acquisizioni in campo tecnologico e scientifico, che permettono oggi di trattare anche patologie una volta incurabili, non possono essere disgiunte nella quotidianità della pratica clinica dalla necessaria consapevolezza dell'importanza degli aspetti relazionali e psicologici dell'assistenza. I progetti di umanizzazione in carico presso la Direzione Generale della Programmazione Sanitaria sono volti ad indagare le problematiche relative alla presa in carico e all'assistenza del malato e della sua famiglia, con un focus dedicato alle fasce più deboli della popolazione. L'analisi si è indirizzata verso le necessità e i bisogni di alcune tipologie di pazienti, considerati fragili (anziani, bambini, famiglie con disagio) che necessitano percorsi di cura personalizzati".

Tratto da "Progetti di umanizzazione per i pazienti fragili", di Francesco Bevere, www.salute.gov.it/portale/news

ROLE play

1 Sei un/a OSS e lavori in una RAB. La signora Lucia è molto triste: non vede i suoi figli da molto tempo. Cosa le dici per rallegrarla un po'?

2 Sei un/a OSS e lavori in ospedale. Un paziente, operato da poco, vuole un antidolorifico perché sente dolore, poi agitato e nervoso vuole scendere dal letto e, infine, si sporca con del succo di frutta. Come ti comporti? Spiegalo al paziente.

UN PO' DI VOCABOLARIO

1 Padella

È un ausilio di plastica, o metallo, che viene utilizzato per praticare l'igiene intima degli allettati e per raccogliere gli escrementi.

2 Pappagallo

È una bottiglia portatile, usata per raccogliere l'urina dei pazienti maschi allettati.

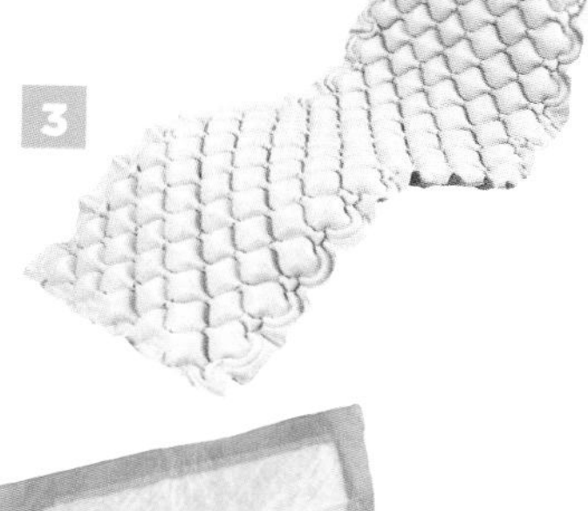

3 Ausili antidecubito

Servono a prevenire le piaghe da decubito nei pazienti allettati da lungo tempo. Ce ne sono di vari generi, dai materassi ai cuscini, ad aria, ad acqua, in gommapiuma, a bolle d'aria, ventilati, a bassa pressione continua e alternata.

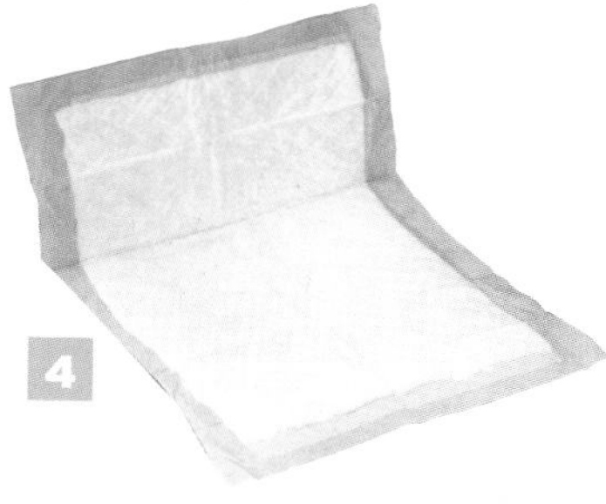

4 Traversa

Serve a proteggere il materasso da piccole macchie o lievi incontinenze.
Può essere in tessuto assorbente o impermeabile. Il nome deriva dal fatto che viene messa "di traverso" sul letto.

5 Tela cerata per incontinenti

È un presidio molto importante per le persone che soffrono di incontinenza.

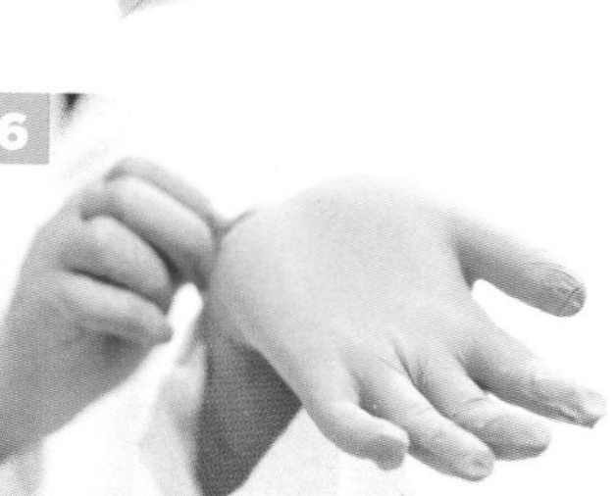

6 Guanti monouso non sterili

Devono essere utilizzati solo per il compito per cui sono necessari. Poi vanno tolti e smaltiti. Non possono essere né lavati, né riutilizzati.

7 Carrello cure igieniche del paziente

Contiene materiale destinato alla detersione del malato e va preparato in una stanza dedicata e tenuto perfettamente disinfettato.

8 Disinfettanti e detergenti

Sono di primaria importanza per tenere perfettamente puliti, e disinfettati, tutti gli strumenti degli OSS, in modo da non trasmettere germi o infezioni da paziente a paziente.

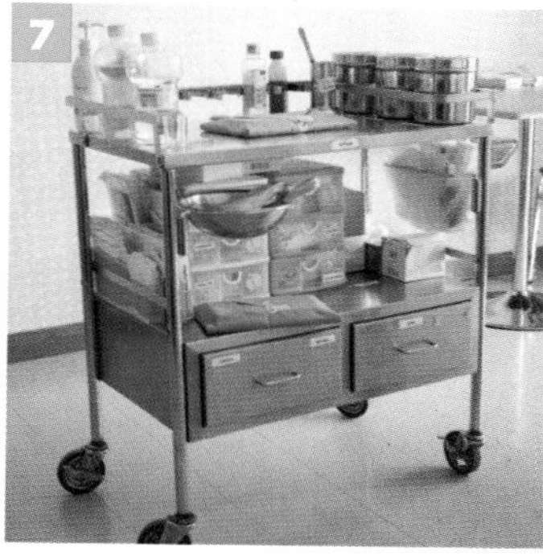

GLOSSARIO ALFABETICO

accudimento ______

affiancare ______

annoverata ______

ausili ______

controversa ______

espletamento ______

incontinenza ______

piaghe da decubito ______

presidi ______

residenza ______

sanitizzazione ______

sentenza ______

supportare ______

9 Tecniche da OSS

Illustriamo, in modo molto sintetico, alcune tecniche proprie dell'OSS.

RIFARE UN LETTO NON OCCUPATO

- Piegare in quattro copriletto e coperta e metterli su una sedia, insieme al guanciale.
- Togliere la biancheria sporca dal letto (cominciando dall'angolo in alto più lontano).
- Arrotolare le lenzuola sporche dentro il lenzuolo inferiore e metterle nel carrello della biancheria sporca, facendo attenzione a non toccarsi la divisa.
- Prendere il lenzuolo inferiore pulito e mettere, al centro del letto, il centro del lenzuolo piegato.
- Stendere il lenzuolo sul letto.
- Piegare gli angoli del lenzuolo a 90 gradi e fissarli sotto gli angoli del materasso.
- Mettere i lati del lenzuolo sotto il materasso, andando dai piedi alla testiera del letto.
- Posizionare la traversa impermeabile, facendo attenzione che il centro della traversa stia al centro del letto.
- Fare la stessa cosa con la traversa di tessuto, mettendola su quella impermeabile.
- Piegare le traverse sotto al materasso, dal centro verso i bordi.
- Mettere il lenzuolo superiore come già fatto per quello inferiore, ma fare in modo che l'orlo di questo lenzuolo, vicino alla testiera, coincida con il bordo del materasso.
- Piegare l'orlo dalla parte dei piedi sotto il materasso.
- Fare la stessa cosa con coperta e copriletto, mettendo gli orli superiori a 15 centimetri dalla testiera del letto.
- Fare il risvolto con il lenzuolo superiore.
- Arrotolare la parte aperta della federa su se stessa, afferrarne la parte chiusa, rovesciarla, e con questa prendere il guanciale, sul quale rovesciare poi la federa.

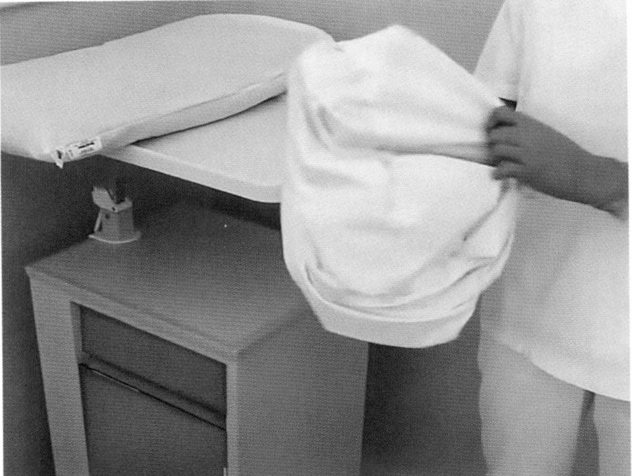

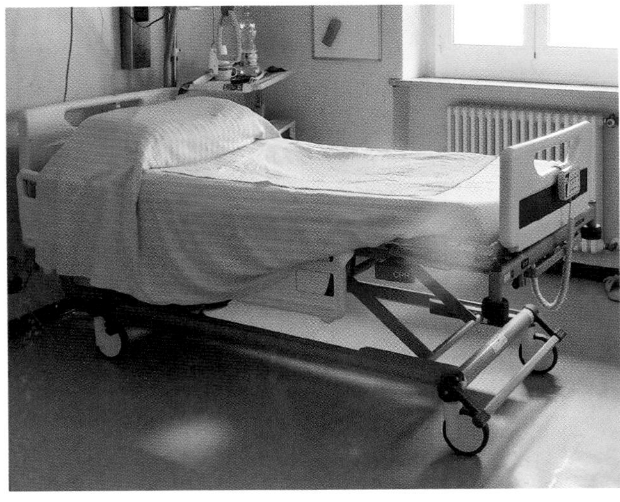

ROLE play

A coppie. Siete un/una OSS esperto/a e un/una tirocinante. Il/La OSS esperto/a spiega al tirocinante come rifare un letto e il/la tirocinante mima le azioni. Poi invertite i ruoli.

Carrello per la biancheria pulita

Questa biancheria deve essere disposta in ordine di uso: una federa per il materasso, lenzuola, una traversa, una tela cerata per incontinenti, una coperta, un copriletto, una federa per il guanciale.

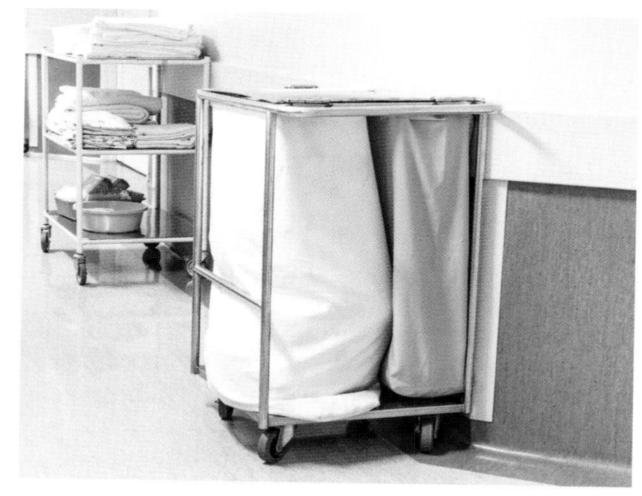

Carrello per la biancheria sporca

Contiene dei sacchi di diverso colore per differenziare i diversi tipi di biancheria (potenzialmente infetta, non infetta...). Ogni sacco ha un codice per indicare la provenienza. Ha anche un sacco per i rifiuti (pannoloni, feci...).

1 Vero (V) o Falso (F)? Rispondi.

1 La biancheria sporca si toglie a cominciare dall'angolo in alto più lontano. ____
2 La traversa di tessuto va messa sotto quella impermeabile. ____
3 La biancheria sporca si appoggia sempre su un altro letto. ____
4 L'orlo in alto del lenzuolo superiore deve coincidere con il bordo del materasso. ____

Attenzione!

Se il paziente è presente, accertarsi della sua capacità di scendere dal letto, per evitare capogiri, e farlo sedere su una sedia o una poltrona, senza perderlo di vista.
Controllare se il paziente ha segni di incontinenza urinaria, sudore o altro, per poter poi scegliere la biancheria adatta, e controllare che la stanza abbia aria e luce a sufficienza.

RIFARE UN LETTO OCCUPATO

2 Completa il testo con le parole nel riquadro.

fianco — piega — sotto — sporco — sorregge — supina — copriletto — traversa

I due OSS si mettono ai lati del letto e, se possibile, mettono il paziente in posizione supina, abbassando il letto a un'altezza comoda.
Tolgono il ______________, la coperta e il lenzuolo superiore ______________.
Posizionano il paziente su un ______________, in modo che dia le spalle al primo operatore. L'altro lo sorregge.
Il primo operatore arrotola il lenzuolo inferiore sporco e la ______________ da cambiare verso il centro del letto, molto vicino al paziente.
Posiziona il lenzuolo pulito con la ______________ centrale vicino al paziente.
Spiana bene il lenzuolo inferiore e ne piega gli angoli e il lato sotto il materasso, poi lo arrotola molto vicino al paziente, ______________ quello sporco.
Mette il centro della traversa vicino al paziente e la arrotola sotto al lenzuolo sporco.

I due operatori girano il paziente, prima in posizione supina e poi sull'altro fianco, verso il primo operatore, che ora ______________ il paziente.
Il secondo operatore toglie la biancheria sporca e tira verso di sé quella pulita, stendendola e piegandola sotto il materasso.
Gli operatori mettono il paziente in posizione ______________ e lo coprono con il lenzuolo superiore pulito e le coperte.

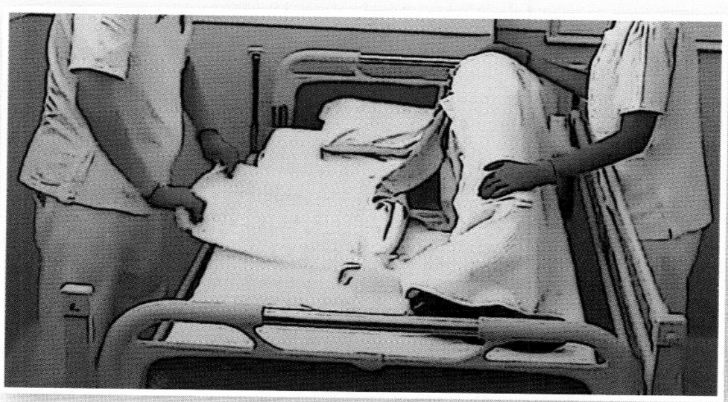

MOVIMENTAZIONE DI UN PAZIENTE ALLETTATO

Le tecniche sono molte, in base alle diverse situazioni. Ecco, in breve, alcuni punti fondamentali.

Paziente **collaborante**

GIRARLO SU UN FIANCO

1) Spostare arredi che possano dare fastidio durante la movimentazione. Scoprire il paziente, mettere il letto in orizzontale e togliere eventuali cuscini. Alzare il letto fino a ¾ della gamba dell'operatore più basso.
2) I punti di presa sul paziente sono solo il bacino e le spalle, che rendono la presa sicura, uniforme e delicata al tempo stesso. Mai "tirare" un paziente per un braccio o una gamba, per esempio.
3) Manovra di "richiamo": per girare il paziente su un fianco, l'operatore si piega sulle ginocchia e sposta il suo peso posteriormente. Afferra il bacino e la spalla del paziente e, mentre lo gira verso di sé, ne sfrutta il peso per controbilanciare lo sforzo.

Paziente **non collaborante**

GIRARLO SU UN FIANCO

1) Il paziente che non può muoversi, va compattato, accorpato, in modo da metterlo in sicurezza e facilitare la manovra. Sono necessari due operatori.
2) Accavallare una caviglia del paziente sull'altra, dal lato verso cui lo si vuole ruotare.
3) Anticipare il braccio, cioè stenderlo fuori dal letto e, se possibile, ruotare la testa del paziente verso il lato su cui lo si vuole ruotare. Piegare l'altro braccio del paziente, mettendo la mano sopra lo stomaco.
4) Un operatore spinge il paziente (spalla e bacino), verso il collega.
5) Questo tira il paziente a sé, sempre per spalla e bacino. L'operatore che spinge, per non farsi male, parte da ginocchia semi flesse per arrivare a ginocchia estese a fine manovra. L'operatore che tira a sé il paziente, parte dalle ginocchia piegate, per poi raddrizzarsi.

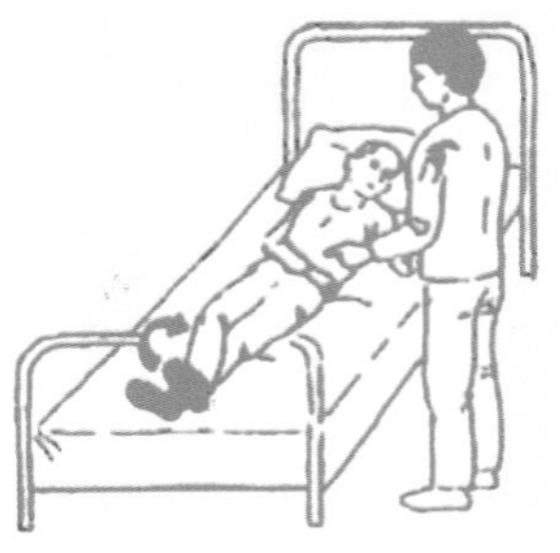
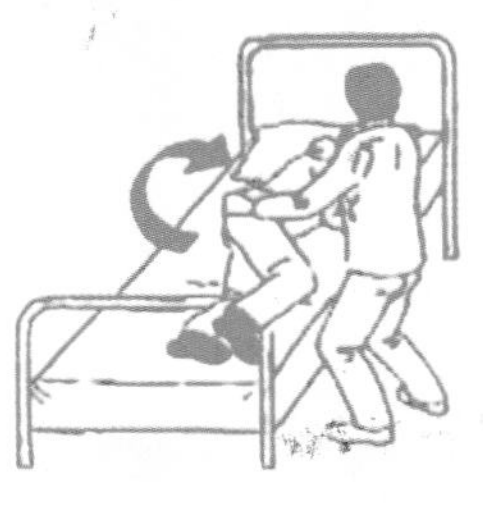

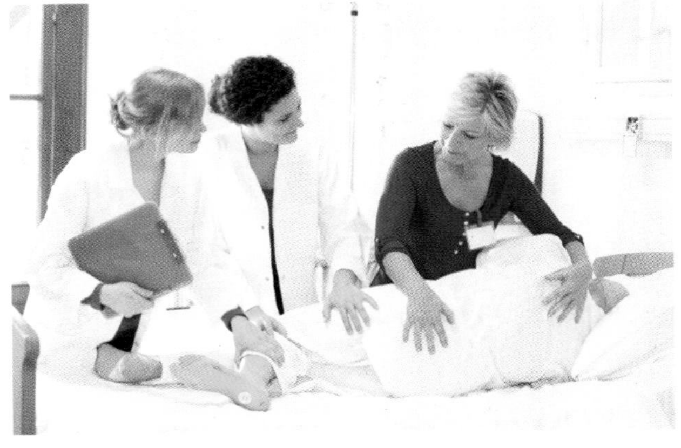

Imparare i punti di presa: spalle e bacino

Attenzione!

Proteggere e proteggersi
È importantissimo che l'OSS, o altro operatore, non si faccia male, soprattutto alla schiena, spostando o accudendo i pazienti.
Ricordiamo quindi alcune regole di base:
- essere sempre completamente rivolti al paziente;
- non piegare mai la schiena, ma le ginocchia;
- per aumentare la base di appoggio, allargare le gambe sul pavimento;
- avvicinarsi il più possibile al paziente da spostare;
- prima di iniziare la movimentazione, assicurarsi di avere una buona presa sul paziente;
- durante la mobilizzazione, dare indicazioni al paziente, in modo da rassicurarlo e, al tempo stesso, essere capiti subito e in modo chiaro.

Attenzione!

Paziente non collaborante
È un paziente che non può aiutare il movimento né con gli arti superiori né con gli arti inferiori.
Paziente parzialmente collaborante
È un paziente che ha una limitata capacità di movimento (può sfruttare una residua capacità di movimento).
Norme per l'utilizzo del letto
Prima di procedere, controllare che le ruote del letto siano frenate e regolare l'altezza del letto articolato in base alla statura dell'operatore e alla manovra da effettuare.
L'OSS
- Prima di iniziare qualsiasi procedura, l'OSS deve sempre documentarsi sulla situazione clinica del paziente.

CAMBIO DEL PANNOLONE A UN PAZIENTE ALLETTATO

3 (24) **Ascolta il dialogo e completalo con le parole che senti.**

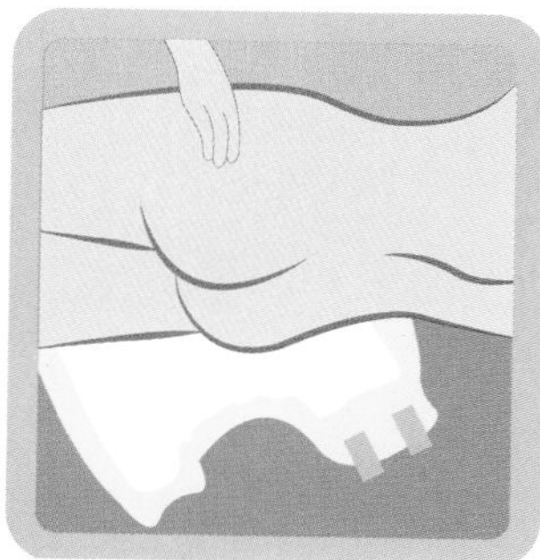
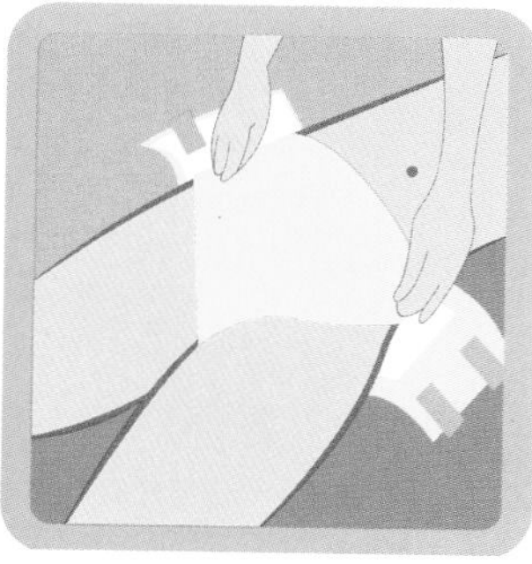
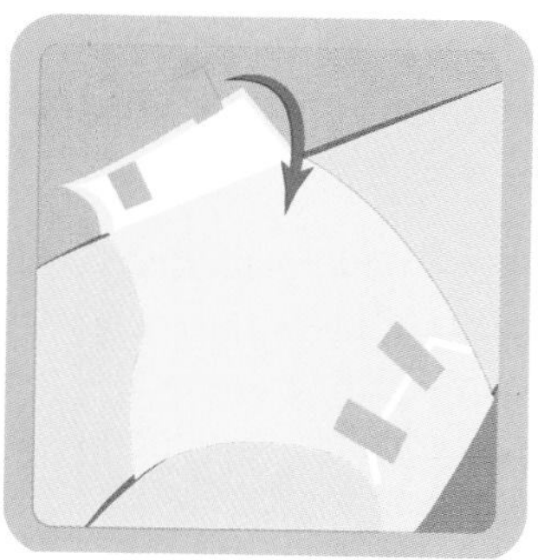
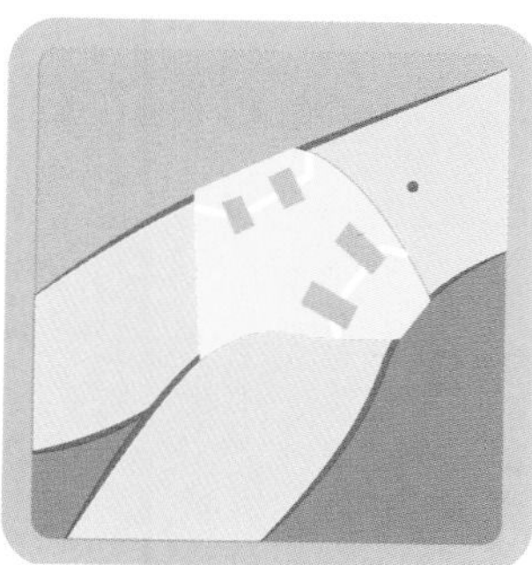

- Buongiorno, signora Gina! Sono venuta a cambiarle il pannolone, posso?
- Certo!
- Allora, ora stacco i velcri qui ai lati... mi ____________ le mani sul petto, per favore? Bravissima! Ora mi tira su le ginocchia e mi ____________ un pochino le gambe, così posso abbassare il pannolone davanti.
- Grazie! Mi dava un po' fastidio, in effetti!
- Immagino... comunque le sue parti intime stanno bene, non c'è nessun ____________. Per favore, si ____________ su un fianco, piano piano, così posso togliere il pannolone sporco.
- Così?
- Esatto! Tolto! Adesso ci mettiamo ____________... e io butto via il pannolone sporco. Dovrei lavarla, posso?
- Sì!
- Mi ____________ le ginocchia e mi apre un po' le gambe, per favore? Grazie! ____________ l'acqua se va bene... Troppo fredda... troppo calda...?
- No, no... va bene.
- Perfetto, allora ci laviamo... fatto! Ora l'____________ per bene perché è importante che sia bella asciutta! Se gentilmente si gira su un fianco, così l'asciugo anche dietro e le metto la ____________ dermoprotettiva.
- Grazie!
- Resti così su un fianco, così io le stendo il pannolone pulito... bene! Ora torna dritta e, piano piano, si gira sull'altro fianco...un attimo di pazienza, Gina, perché devo ____________ il pannolone. Si rimetta dritta e mi apra un po' le gambe, così riesco a mettere il pannolone per bene, senza pieghe... ecco! Abbiamo finito! Tutto a posto!
- Grazie!

Attenzione!

Parlare con affetto

Spesso infermieri, medici e altri usano un modo di parlare affettuoso con i pazienti, per rispettare la loro sofferenza o, come in questo caso, il possibile imbarazzo.

In italiano, per farlo, si usa il pronome NOI al posto del TU o del Lei di cortesia, per indicare che questa cosa – anche se riguarda solo il paziente – si fa insieme, si condivide: *Ora ci facciamo l'iniezione – Ora ci cambiamo il pannolone...*

L'affetto e la condivisione si manifestano in italiano anche con i pronomi "intensivi" (o di affetto") in frasi come "**mi** incrocia le mani sul petto?" o "**mi** tira su le ginocchia", nel senso di "per favore, incroci le mani sul petto: lo faccia per me". È molto usata la forma interrogativa come espressione di cortesia: "mi incrocia le mani sul petto, per favore?".

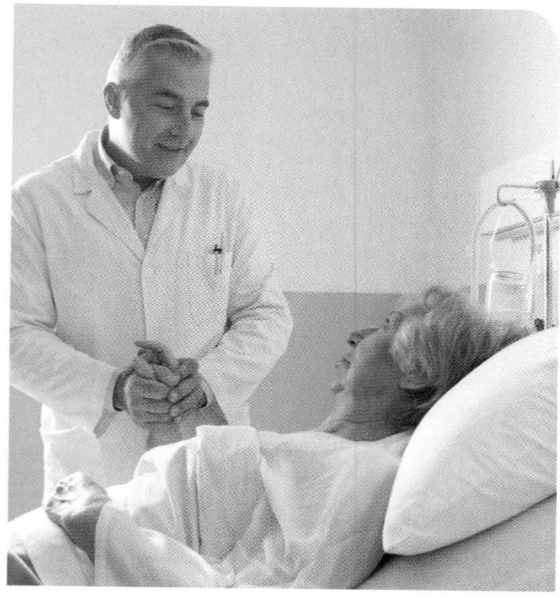

IGIENE DI UN PAZIENTE ALLETTATO

Per le diverse operazioni sono necessarie due bacinelle di acqua e due manopole: una per insaponare e l'altra per sciacquare.

4 Completa i testi, sottolineando l'opzione giusta.

Viso
Si inizia con ***viso/orecchie*** e mani, ***alzando/abbassando*** un po' il letto dalla parte della testa. Con la manopola insaponata, si lava il viso partendo dagli occhi e procedendo dal lato interno a quello esterno. Con l'altra manopola si sciacqua bene. Poi si asciuga e si lavano le mani.

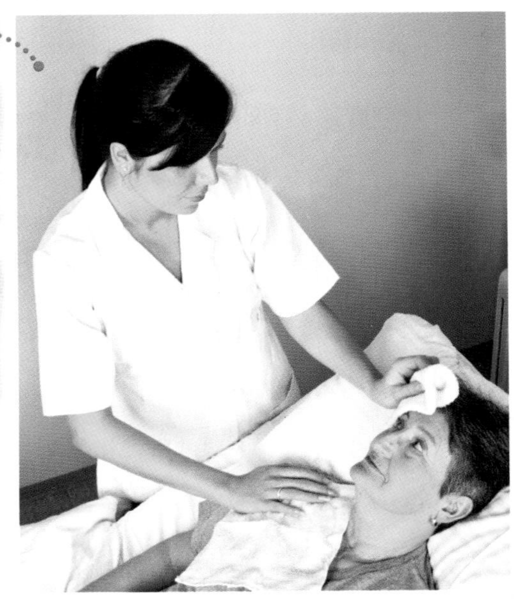

Igiene orale
Si mettono in un bicchiere acqua ***tiepida/calda*** e collutorio, si bagna una garza e si pulisce il cavo orale, dall'interno verso l'esterno, con delicatezza, pulendo per ultima la lingua.

Barba
Per fare la barba, si parte con il rasoio dagli zigomi in giù, seguendo il verso del pelo. Il verso per i baffi è dall'alto verso il basso; per ultimo, si rasa il collo.

Capelli – con due operatori
Si alza/Si abbassa delicatamente il busto del paziente, mettendogli un asciugamano e un telino monouso intorno al collo e un cuscino sotto la schiena. Uno dei due operatori aiuta il paziente a stare ***sollevato/steso***, in modo che la testa sia libera, non appoggiata. Si mette una bacinella sotto la testa, si versa un po' d'acqua sui capelli e si procede con lo shampoo.
Infine, risciacquare bene, facendo attenzione a non bagnare la fronte o gli occhi del paziente. Tamponare i capelli, avvolgendo la testa in ***un asciugamano/un lenzuolo***, e continuare con l'asciugacapelli, facendo ***alzare/sdraiare*** il paziente. Esistono comunque anche lavatesta gonfiabili, che possono sostituire la bacinella.

Il busto
Si spoglia/Si veste con delicatezza il paziente ***supino/girato***, lo si insapona, lo si sciacqua e lo si asciuga con attenzione. Poi lo si gira su un fianco (vedi movimentazione) e si procede a fare la stessa cosa con la schiena. Infine, si riveste il paziente, sostituendo il telino monouso che, nel frattempo, si sarà bagnato.

Igiene intima
Far incrociare al paziente le mani ***sul petto/sulla testa***, fargli piegare la gamba opposta all'operatore e far girare il paziente verso l'operatore. Mettere la cerata di protezione sotto la schiena e la coscia del paziente e posizionare ***la padella/il pappagallo***: il foro deve essere all'altezza dell'inguine.

Aiutare il paziente a ruotare fino alla posizione supina con le gambe piegate e ***divaricate/chiuse***. Versare detergente intimo su una spugna morbida e versare acqua sulle parti intime, per procedere poi ad insaponare. Si parte dall'alto, sul pube, e si scende verso il basso: il movimento deve essere sempre ***unidirezionale/vario***, per non creare irritazioni. Versare acqua e sciacquare accuratamente.
Si asciuga tamponando.

Poi l'operatore gira il paziente verso di sé, facendo attenzione a non versare l'acqua che è nella padella. Quando il paziente è sul fianco, la padella viene rimossa. Si procede così alla pulizia della zona dei glutei. Si sciacqua e si asciuga ***strofinando/tamponando***. Infine, si rimuove la cerata bagnata e si mette il paziente supino.

IGIENE DEI PIEDI A PAZIENTE CON DIABETE MELLITO

È una procedura delicata, perché anche una piccola lesione può causare grandi problemi. È bene asciugare con un telino di stoffa, invece che un asciugamano di spugna, perché questo è troppo spesso e può non arrivare dappertutto.

- Se il paziente è allettato, mettere il telo impermeabile per proteggere il letto e appoggiare il catino sul letto, vicino ai piedi del paziente, versandovi l'acqua (37°) e il detergente.
- Controllare bene la pelle, le unghie e gli spazi tra le dita, per vedere se ci sono lesioni.
- Immergere il piede nel catino e lavarlo con attenzione e delicatezza: dorso, pianta, spazi tra le dita e unghie, per un massimo di 5 minuti.
- Risciacquare eliminando ogni residuo di detergente e togliere il catino.
- Asciugare tamponando delicatamente, con particolare cura tra le dita.
- Sostituire l'acqua del catino e procedere allo stesso modo con l'altro piede.
- Tagliare le unghie, possibilmente con forbici con punta arrotondata, limando gli angoli, in modo da non creare punte che possano ferire. Togliere, con molta delicatezza, eventuali duroni.
- Massaggiare delicatamente con crema idratante fino al completo assorbimento: mai, però, in mezzo alle dita o sulle unghie.

Attenzione!

Da fare sempre

Un paziente, allettato o meno, è sempre una persona in difficoltà.
Per ogni operazione, quindi, chi si avvicina al paziente deve garantirgli, oltre che una perfetta procedura, un riconoscimento della sua identità di persona, prima ancora che di paziente.

Tra le cose da fare sempre, quindi:

- arrivare con tutto il materiale necessario, per garantire al paziente un perfetto svolgimento dell'operazione e testimoniargli la completa attenzione;
- salutare sempre il paziente con gentilezza e un sorriso;
- presentarsi: il paziente, infatti, non è tenuto a ricordare i nomi di chi lo accudisce o può non esserne in grado;
- fargli capire che lo si conosce, si ricorda il suo nome e quello che ci ha raccontato di sé;
- garantire il rispetto dell'intimità coprendolo, se è possibile, o spostando il paravento se c'è;
- prima della procedura, e durante, dare sempre le informazioni necessarie al paziente su quello che si sta per fare e chiedere il suo consenso prima di procedere.

NUTRIZIONE ENTERALE CON SONDINO NASOGASTRICO

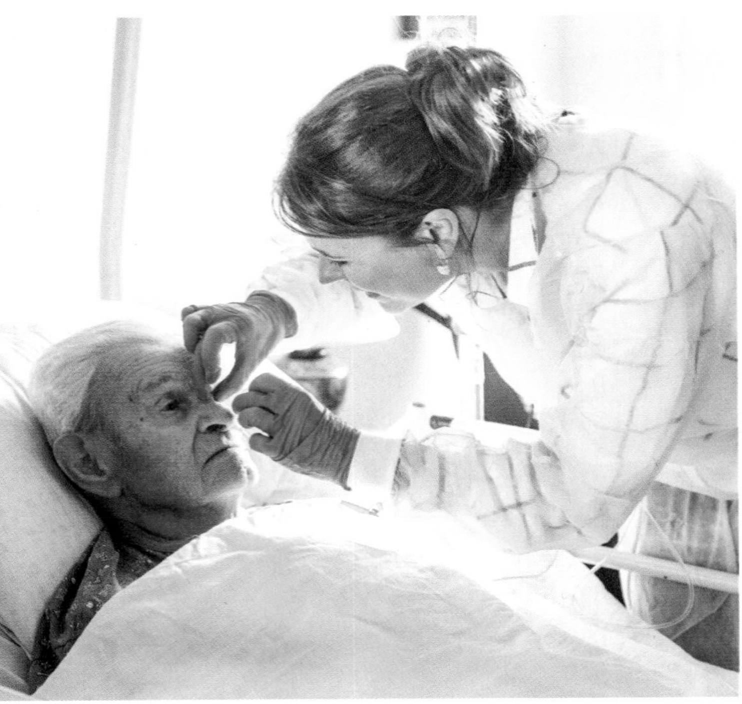

Prima di iniziare la nutrizione, alzare la parte superiore del letto per posizionare il paziente a 35/40° e disinfettare l'imbocco del sondino. Poi attaccare il set del deflussore, collegato al flacone dell'alimentazione, avendo cura che l'alimento scenda regolarmente. Infine, va controllato – orologio alla mano – il numero di gocce che scendono al minuto, per essere sicuri che sia quello indicato dal dietista o dal medico. Terminato il pasto (o se il paziente non ne vuole più) si stacca il deflussore dal sondino e, con una siringa senza ago, si immette acqua tiepida (da 30 a 50 ml) nel sondino, per lavarlo. Poi si procede alla chiusura del sondino.

È molto importante controllare il sistema di fissaggio del sondino, perché il cerotto che lo tiene va sostituito ogni 48/72 ore. Prima di cambiare il cerotto vanno puliti narice (con un cotton fioc bagnato) e naso con una garza con detergente neutro. Una volta fatto questo, si mette il nuovo fissaggio che è un semplice cerotto, anche in tela, tagliato a coda di rondine.
La pulizia del cavo orale è molto importante, perché a causa del sondino, il paziente tende a respirare con la bocca e quindi bisogna umidificare il cavo orale almeno 2 o 3 volte al giorno con una garza imbevuta in acqua e collutorio.

Il paziente può, alle volte, avere mal di pancia perché le gocce sono scese forse troppo velocemente o la temperatura del flacone era troppo fredda.

ALCUNI AUSILI PER LA MOBILIZZAZIONE

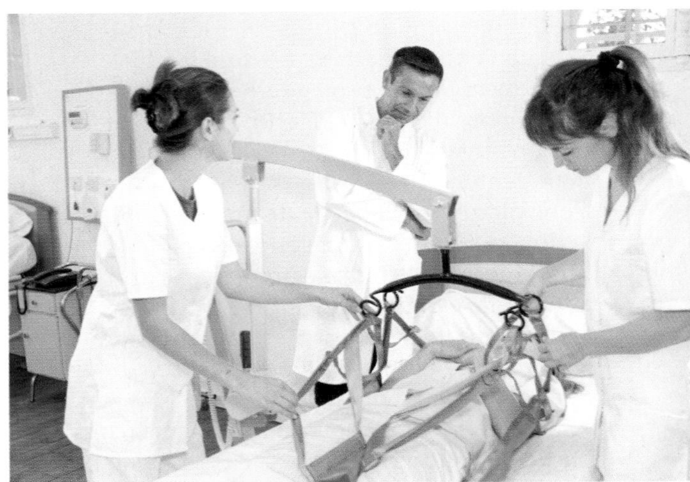

Una lezione sul sollevatore

Sollevatore

Permette di alzare una persona dal letto, spostandola fino alla sedia a rotelle o permettendole di assumere la posizione eretta.

Asse di trasferimento

È una tavola in materiale rigido ma elastico, che permette di spostare il paziente senza sollevarlo, nel trasferimento tra letto e sedia a rotelle.

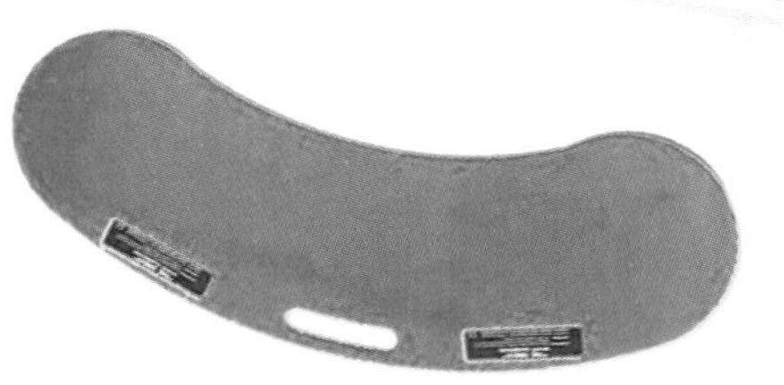

Teli per trasferimento

Possono essere tubolari, ad alto scorrimento o di altro genere. Vengono messi sotto il paziente, per facilitare le operazioni di spostamento, o sul letto stesso o nel trasferimento dal letto alla barella, per esempio.

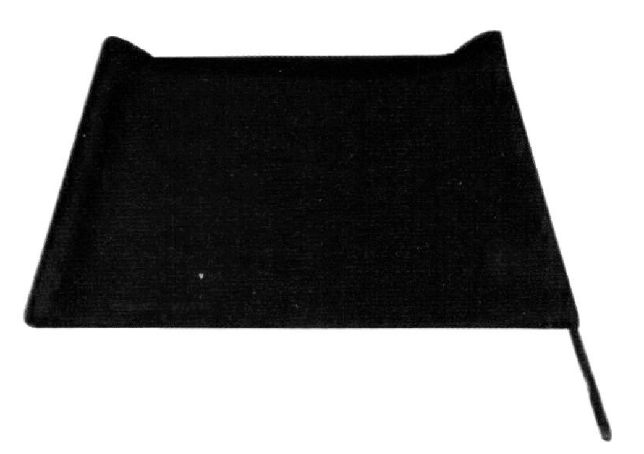

Tavole a rullo

Sono delle assi lunghe più di 175 cm, ricoperte da un telo rotante ad alto scorrimento e permettono il trasferimento del paziente fra superfici che si trovano alla stessa altezza.

Cinture per trasferimento

Possono essere lombari o per le gambe. Sono rivestite di materiale antiscivolo, con maniglie laterali. Si usano con pazienti parzialmente collaboranti nei passaggi dalla posizione seduta a quella eretta, senza bisogno di sollevarli.

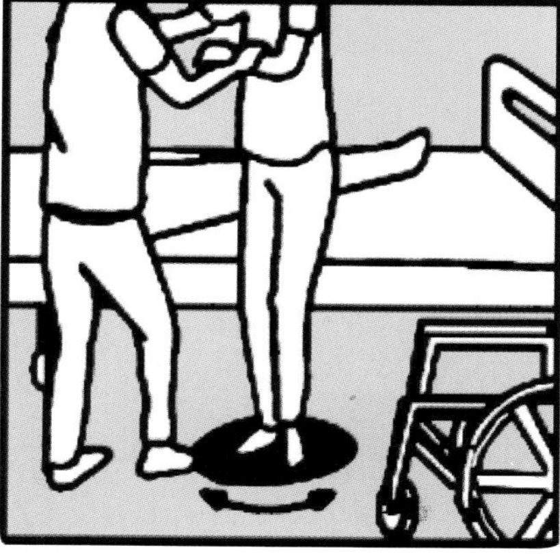

Disco girevole

È una pedana formata da due dischi sovrapposti, che permettono la rotazione del paziente in posizione eretta.

Sedia a rotelle

1 maniglia di spinta
2 telo dello schienale
3 spondina parabiti
4 telo del sedile
5 fascia poggiagambe
6 astina della pedana
7 pedana
8 forcella
9 ruota anteriore
10 freno
11 anello corrimano
12 ruota posteriore

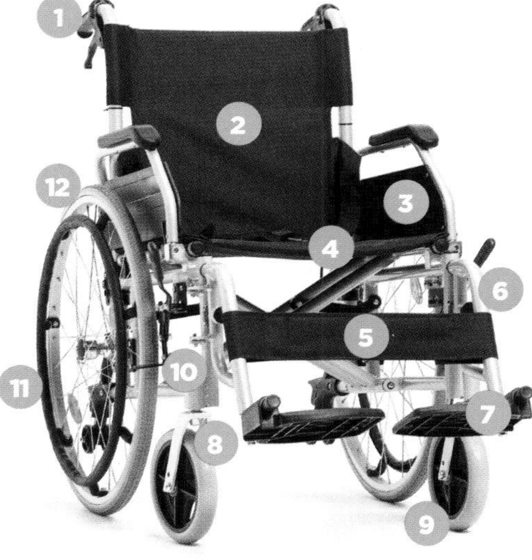

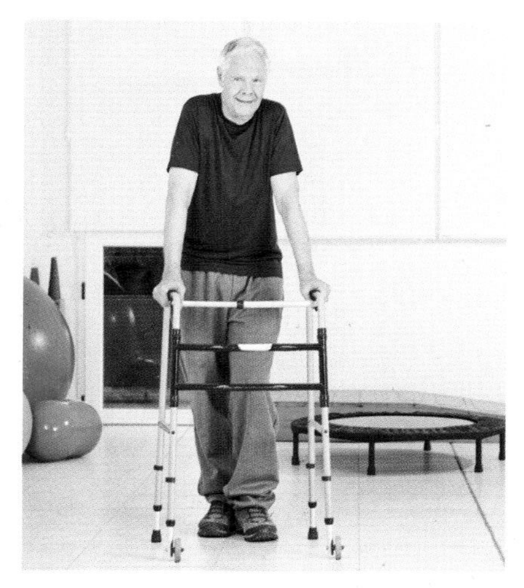

Un deambulatore

ROLE play

A coppie. Ogni coppia sceglie una situazione tra quelle relative all'igiene del paziente e la nutrizione enterale e crea un breve dialogo tra OSS e persona assistita, decidendo se il paziente è:

- allettato non collaborante
- non allettato e parzialmente collaborante
- in ospedale
- a casa

Infine, ogni coppia, drammatizza il dialogo davanti alla classe.

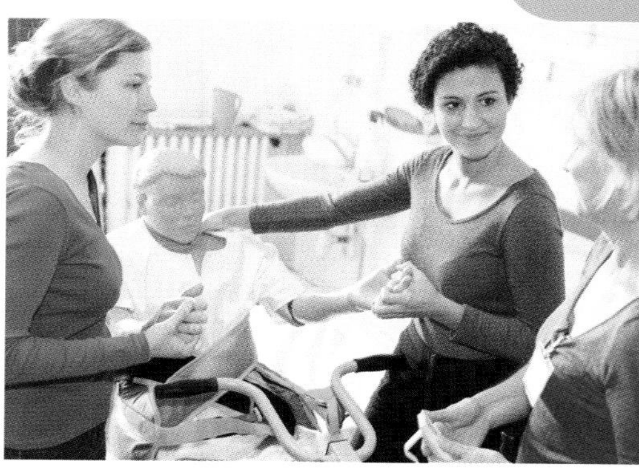

GLOSSARIO ALFABETICO

a coda di rondine ____________________
accorpare ____________
accudire ____________
allettato ____________
appoggiare ____________
arrotolare ____________
capogiro ____________
compattare ____________
controbilanciare ____________________
differenziare ____________________
fissaggio ____________
flettere ____________
imbocco ____________
manopola ____________
operatore ____________
orlo ____________
paravento ____________
piegare ____________
pube ____________
punti di presa ____________________
sorreggere ____________
stendere ____________
sudore ____________
supino/a ____________
testiera ____________
testimoniare ____________________
umidificare ____________________

10 Lavorare in ambulanza

IL 118

È il numero unico nazionale dell'emergenza sanitaria. È gratuito, sempre attivo, ed è possibile chiamarlo da qualunque telefono, anche da un cellulare senza credito perché fa parte dei numeri di emergenza. Va però chiamato solo nei casi di vera emergenza e cioè "quelle situazioni in cui ci può essere rischio per la vita o l'incolumità di qualcuno" (www.salute.gov.it), per esempio:

- un malore grave, come difficoltà di respiro, un dolore al petto, un sanguinamento importante o una perdita di coscienza;
- un incidente stradale, sul lavoro, a casa o facendo sport;
- quando è necessario un ricovero urgente in ospedale su indicazione di un medico;
- quando c'è pericolo di vita in genere.

Mentre si aspettano i soccorsi, bisogna mantenere la calma, non somministrare farmaci o cercare di curare il malato in modo autonomo, non spostare l'infortunato o il malato, non dargli da bere o da mangiare, tenere libero il telefono e seguire le indicazioni e i consigli dell'operatore del 118.
Tutte le conversazioni vengono automaticamente registrate.
È importante ricordare che, anche se la documentazione originale dell'intervento viene data dai soccorritori all'ospedale, si può chiederne una copia.

Attenzione!

Sanzioni
Non chiamare il 118 in caso di effettiva necessità è "omissione di soccorso", un reato per cui si rischia una multa fino a 2.500 euro o addirittura la detenzione fino a un anno. Se poi le conseguenze dell'omissione di soccorso diventano più gravi, le sanzioni aumentano. Al contrario, far intervenire il 118 senza reale necessità può intasare le linee telefoniche e impedisce la possibilità di dare soccorso a chi ne ha realmente bisogno.

Attenzione!

112
È il NUE, Numero Unico Europeo di Emergenza. Serve per chiamare, gratuitamente, tutti i numeri di emergenza (polizia, servizi di soccorso, vigili del fuoco...) ovunque ci si trovi in Europa.

IL PERSONALE TECNICO SOCCORRITORE

Può essere sia professionale che volontario e svolge molteplici funzioni legate a competenze diverse. In genere l'equipaggio di un'ambulanza è formato da due soccorritori, ovvero un autista-soccorritore e il caposquadra, ma è comune che a bordo vi siano anche tre o quattro elementi. In quest'ultimo caso, uno degli elementi è l'allievo soccorritore, che viene detto proprio "Il Quarto".

Il soccorritore

Capita spesso che sia un volontario che fa parte di un'associazione (come, ad esempio, le Misericordie) o della Croce Rossa Italiana. Il suo ruolo è quello di Tecnico di Emergenza Sanitaria. Interviene nelle emergenze ma anche nei semplici trasporti di pazienti al pronto soccorso (DEA). Se è un "Soccorritore Base" conosce il *Basic Life Support* (Rianimazione Cardio-Polmonare) e può valutare lo stato dei pazienti e fare trattamenti di base, ma non gli è permesso fare manovre invasive o somministrare farmaci (possono farlo solo un medico o un infermiere). Solo se specificamente abilitato, può usare il defibrillatore semiautomatico esterno (DAE). Nello specifico, le sue mansioni sono:

- valutare il paziente, cioè comprendere chiaramente qual è il suo problema;
- assistere il paziente, dal semplice sostegno emotivo alla rianimazione cardio-respiratoria;
- sollevare e spostare il paziente se questo deve essere trasportato in ospedale;
- trasportare il paziente, sistemandolo nell'ambulanza;
- affidare il paziente al personale ospedaliero, che informa dettagliatamente sulle condizioni dell'assistito e su quanto gli è stato eventualmente fatto durante il trasporto.

Capo Equipaggio o Caposquadra

È un ruolo che si ottiene con anzianità di servizio ed esperienza: non esiste un percorso formativo univoco. Il Capo Equipaggio è il responsabile dello svolgimento del soccorso, della sicurezza del paziente e dei suoi colleghi. Coordina tutte le operazioni e valuta le condizioni del paziente secondo lo schema ABCDE (*Airway, Breathing, Circulation, Disability, Exposure*). Si relaziona con la Centrale Operativa del 118, con il medico e l'infermiere, se presenti, e comunica all'autista in quale ospedale trasportare il paziente.

Attenzione!

Le Misericordie

Si tratta di associazioni di volontari che si occupano di beneficenza e intervento sociale, nate addirittura nel medioevo. Prendono il nome dalla "Compagnia della Misericordia" di Firenze, la prima ad essere fondata nel 1240 (o 1244). Il suo scopo era trasportare gli ammalati dalle loro case agli ospedali, portarci chi si sentiva male per strada e dare sepoltura ai morti abbandonati. Anche oggi i volontari delle misericordie si occupano di trasporto sanitario, protezione civile e assistenza sociale alle onoranze funebri.

1 Vero (V) o Falso (F)? Rispondi.

1 Il personale tecnico soccorritore è solo professionale. ____
2 L'allievo soccorritore è detto "Il Quarto". ____
3 Il Soccorritore Base può somministrare farmaci. ____
4 Il Soccorritore Base può fare la rianimazione cardio-respiratoria. ____
5 Il Soccorritore Base non può spostare il paziente. ____
6 Il Caposquadra è un elemento con anzianità ed esperienza di servizio. ____
7 Il Caposquadra è responsabile solo della sicurezza del paziente. ____
8 Il Caposquadra si relaziona solo con la Centrale Operativa del 118. ____

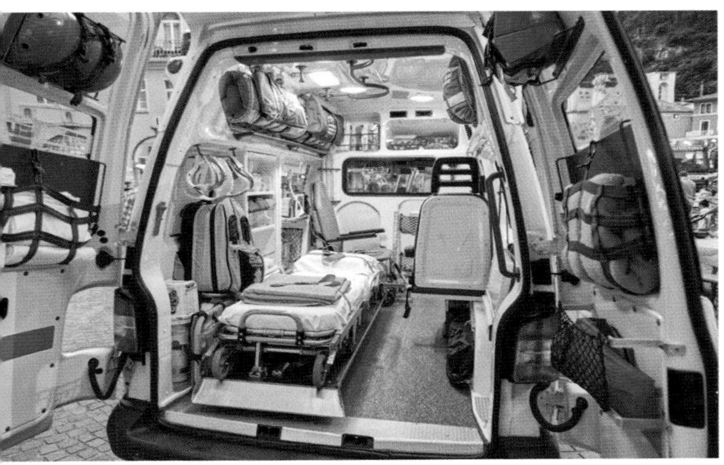

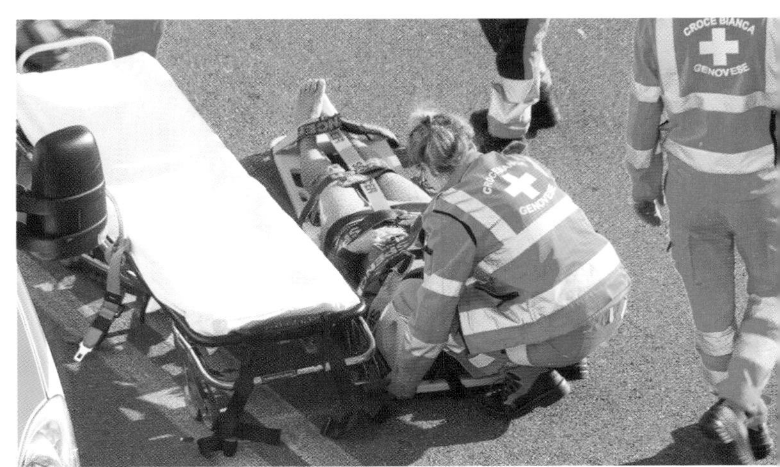

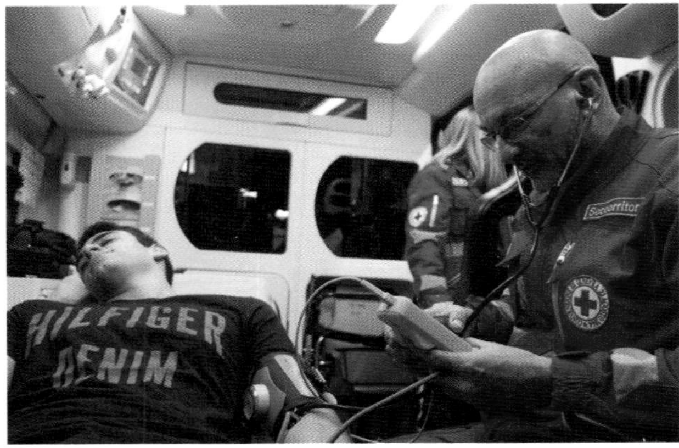

Il soccorritore DAE

È abilitato a utilizzare il defibrillatore semiautomatico (DAE), per il quale è necessario seguire un corso aggiuntivo a quello di base di otto ore e un patentino di abilitazione. Generalmente è il caposquadra ma, in realtà, ogni componente della squadra è formato all'utilizzo del DAE e dell'ECG.

Autista

In quanto soccorritore, può partecipare alle operazioni di soccorso ma il suo compito principale è guidare l'ambulanza ed è responsabile della sicurezza del paziente e dell'equipaggio durante il trasporto. Per diventarlo basta avere la patente di tipo B e aver compiuto 21 anni, anche se la normativa cambia a seconda di enti e regioni.
Per esempio, per diventare autista della Croce Rossa, bisogna avere una patente specifica della Croce Rossa detta "ministeriale".
In alcune regioni, invece, l'autista deve essere stato soccorritore per almeno un anno, aver frequentato un corso di approfondimento e aver guidato, con un tutor, per un anno.
La situazione, comunque, sta cambiando in modo da rendere questa figura ancora più professionale e qualificata.
Tra i suoi compiti principali:
- prendere in consegna i dati sulla chiamata di emergenza;
- individuare il percorso più rapido e guidare fino al luogo indicato;
- parcheggiare l'ambulanza in sicurezza;
- collaborare nelle azioni di primo soccorso;
- guidare verso l'ospedale;
- scrivere un rapporto sull'intervento;
- disinfettare il materiale usato e preparare l'ambulanza per il servizio successivo.

Istruttore o formatore

Segue insegnamento e addestramento di chi segue i corsi di formazione per una determinata qualifica (soccorritore DAE, autista...) o corsi di aggiornamento.

Allievo soccorritore

Frequenta il percorso formativo di certificazione regionale per diventare soccorritore. Può far parte dell'equipaggio di un'ambulanza, ma solo per guardare e imparare, non per intervenire. Se autorizzato dal caposquadra, può svolgere piccole mansioni secondarie, in modo da imparare a muoversi sul mezzo. A fine servizio, compila un piccolo rapporto comprensivo delle sue osservazioni, che poi il caposquadra firma.

2 Chi lo fa?

1 Usa il defibrillatore semiautomatico esterno. ______________
2 Può usare l'ECG. ______________
3 Comunica all'autista in quale ospedale trasportare il paziente. ______________
4 Affida il paziente al personale ospedaliero. ______________
5 Disinfetta il materiale usato durante l'intervento di soccorso. ______________
6 Può solo osservare cosa fanno i colleghi. ______________

ALTRE FIGURE

Centralinista della centrale operativa 118

Riceve le chiamate di emergenza dai cittadini e le passa all'associazione operativa più vicina; non sono previsti iter formativi per questo ruolo, tranne un breve corso sull'uso della postazione di centralino e un periodo di affiancamento a colleghi esperti.

Quando il centralinista risponde a una chiamata deve chiedere:
- dov'è l'emergenza (città, via, numero civico, telefono);
- cosa è successo, cioè se si tratta di un incidente o di un malore;
- come sta l'infortunato, per esempio se è cosciente o è svenuto o se ha emorragie;
- le generalità dell'infortunato, ammesso che siano conosciute;
- se si tratta di un incidente stradale, il numero dei mezzi e delle persone coinvolte.
- se i soccorritori possano trovarsi in difficoltà per via, ad esempio, di un luogo difficilmente raggiungibile o se ci sono fughe di gas, incendi o altro.

3 (25) **Ascolta la chiamata di emergenza e mettila in ordine. La prima frase è data.**

____ No, non mi risponde! Perde sangue dalla testa!
____ Mi dice da dove chiama?
____ Suo padre è cosciente?
____ Allora, mentre arrivano i soccorsi lei resti in linea con me. Da che altezza è caduto suo padre?
____ Quanti anni ha suo padre?
____ In che città, signora?
____ Signora guardi, nell'ambulanza ci sarà anche un medico. Lei resti calma, intanto lei resti in linea con me... guardi tra pochi minuti sono lì, sono già partiti.
____ Signora, rimanga in linea con me, così le mando subito i soccorsi! Via Verdi, che numero civico?
_1_ 118 Bologna. Dove mando l'ambulanza?
____ Vi prego, veloce! Mio padre è caduto! Perde sangue!
____ Da via Verdi.
____ San Lazzaro! Veloci, vi prego! Fate presto!
____ Guardi se il torace di suo padre si solleva.
____ Oddio... 121! Guardi che mio padre sta male!
____ Mi dice che succede?
____ Settanta!
____ Saranno... quatto metri!
____ E come faccio?
____ Mio padre è caduto dal tetto di casa, l'ho trovato qui in giardino! Non mi risponde!
____ Sì, sì! Respira. Ma perde tanto sangue!
____ Signora le sto già inviando i soccorsi! Lei resti in linea con me, così le dico cosa deve fare! Controlli se suo padre respira.

GLOSSARIO ALFABETICO

- a bordo ____
- abilitato/a ____
- anzianità ____
- assistere ____
- dettagliatamente ____
- generalità ____
- individuare ____
- infortunato/a ____
- intasare ____
- mansione ____
- normativa ____
- omissione ____
- patentino ____
- qualificato/a ____
- valutare ____
- volontario/a ____

Il barelliere/soccorritore per servizi non urgenti

Questa figura, per questioni di età o personali, non può più essere soccorritore e, quindi, svolge altre mansioni di carattere più assistenziale o sociale. Per esempio, trasporta i pazienti per visite all'ospedale o ricoveri, oppure presta servizio in caso di manifestazioni pubbliche. In altri casi, accompagna il medico di guardia nelle sue visite.

Attenzione!

Il volontario

Per diventare volontario, bisogna seguire diversi corsi, regolati diversamente dalle varie Regioni, ma con una serie di standard minimi imposti dallo Stato. Questo significa che si può fare il volontario solo nella Regione in cui ci si è formati. In genere, è necessario seguire questo iter:

- corso teorico ma con esercitazioni pratiche;
- corso pratico a bordo di un'ambulanza, supervisionato da un tutor;
- superamento di un esame al termine del corso teorico/pratico;
- eventuali corsi di approfondimento.

11 Primo soccorso

Si chiama così l'insieme delle tecniche che si usano per aiutare le persone in situazioni critiche di emergenza, come traumi, ferite, incidenti o malori improvvisi, nell'attesa che arrivi l'ambulanza o il medico. Sono tecniche che hanno bisogno di una preparazione specifica e che non è ammissibile improvvisare, perché si possono arrecare danni molto gravi al paziente.
Vediamo, in modo molto sintetico, le basi delle tecniche più usate, sempre tenendo conto che le informazioni fornite non sostituiscono in alcun modo un corso preparatorio professionale, né l'intervento, o le indicazioni degli operatori specializzati in primo soccorso.

RILEVAZIONE DEI PARAMETRI VITALI DI BASE

Viene detta anche "esame primario" e, in genere, è la prima cosa da fare in caso di emergenza, perché è fondamentale per avere un'idea generale delle condizioni del paziente e verificare, nei casi più gravi o in cui sia privo di conoscenza, se è vivo.

In una struttura sanitaria ci sono strumenti appositi per valutarli; se invece si tratta di un'emergenza, la rilevazione dei segni vitali diventa, ovviamente, sommaria ma resta fondamentale per capire i sintomi più evidenti, come l'eventuale mancanza di respiro o di battito cardiaco. Illustriamo brevemente due tra i parametri più importanti:

- la rilevazione del polso arterioso
- la rilevazione della frequenza respiratoria.

La rilevazione del polso arterioso – sistema palpatorio

La parola "polso" si usa per descrivere la frequenza, il ritmo e la forza del battito cardiaco: si rileva premendo con la punta di due dita (indice e medio) o tre dita (indice, medio, anulare) i punti dove passano le arterie periferiche e a controllare se, e come, il cuore batte. Ci sono molti "punti di repere" del polso arterioso: l'arteria radiale sul polso, quella femorale nella piega inguinale... in emergenza, il più usato è il **punto di repere carotideo**, posto sull'arteria carotidea (sul collo, a lato della laringe), che si sente premendo la punta di due dita (indice e medio). Guardando l'orologio, si cominciano a contare le pulsazioni e la prima si conta come "zero". Se il polso è ritmico, si contano le pulsazioni per trenta secondi e si moltiplica per due. Se il polso, invece, è aritmico si contano le pulsazioni per un minuto:

- tra 60 e 85 battiti cardiaci al minuto: polso regolare;
- al di sotto di 60 battiti al minuto: bradicardia (bradiaritmia). Il cuore batte troppo lentamente;
- superiore a 100 battiti: tachicardia (tachiaritmia). Il cuore batte troppo velocemente.

La rilevazione della frequenza respiratoria

Se il paziente è in stato di incoscienza, è importante controllare prima di tutto la pervietà delle vie aree, cioè che bocca e naso siano liberi. Per verificare la respirazione si attua la manovra GAS (Guardare – Ascoltare – Sentire). Bisogna scoprire il torace del paziente disteso e stendere bene, ma con delicatezza, la sua testa all'indietro mettendogli due dita sotto il mento e una mano sulla fronte e posizionarsi con la guancia molto vicino al suo viso. Lo scopo di questa manovra è vedere se il torace del paziente si muove nella respirazione, ascoltare eventuali rumori che escono dalla sua bocca

Attenzione!

- Non usare mai il pollice, perché si rischia di sentire il proprio battito e non quello del paziente.
- Usare sempre la punta delle dita, mai le dita di piatto.

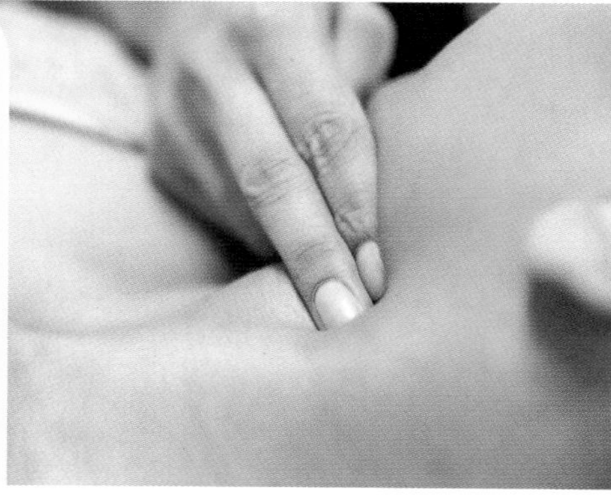

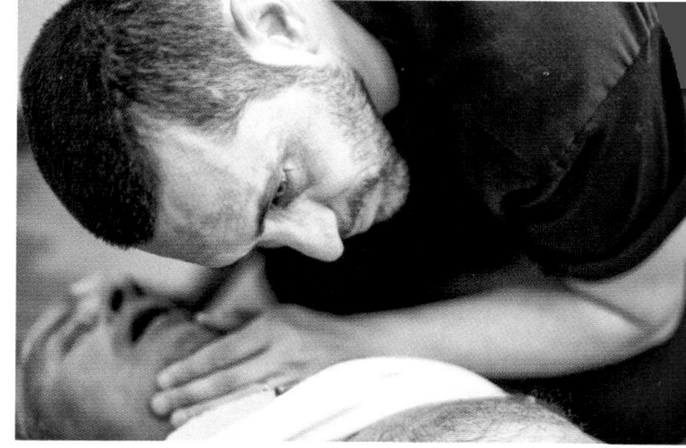

e sentire sulla nostra guancia se arriva il flusso d'aria del suo respiro. Durante la manovra GAS si deve contare fino a 10 a voce alta: normalmente, una persona fa 12-16 respiri (atti respiratori) al minuto. Se il paziente in questione ne fa almeno uno o due, allora respira ancora: diversamente è in arresto respiratorio. Se il paziente respira ancora, lo si gira delicatamente su un fianco.

Naturalmente, la rilevazione dei parametri vitali riguarda anche molte altre cose, per esempio la rilevazione della temperatura corporea che potrebbe essere troppo alta, come nei colpi di calore, o troppo bassa se il soggetto è stato esposto al freddo. Vanno anche rilevati lo stato di coscienza, la presenza o meno di dolore, il colore della cute (pallida, cianotica, arrossata...) e tanti altri.

1a Vero (V) o Falso (F)? Rispondi.

1 Il primo soccorso sostituisce l'arrivo dell'ambulanza o del medico. ____
2 Per il primo soccorso non si hanno bisogno di conoscenze specifiche. ____
3 La rilevazione dei parametri vitali non è fondamentale in caso di emergenza. ____
4 In caso di emergenza la rilevazione è spesso sommaria. ____
5 Il polso indica la frequenza, il ritmo e la forza del battito cardiaco. ____
6 Il polso si rileva con la punta di tre dita. ____
7 Il punto esterno in cui si può controllare il battito cardiaco si chiama punto di repere. ____
8 I punti di repere sono solo sul collo e sul polso. ____
9 La prima pulsazione si conta come “uno”. ____
10 Un polso regolare ha tra i 60 e gli 85 battiti al minuto. ____
11 Si ha tachiaritmia quando il cuore batte troppo lentamente. ____
12 GAS significa Guardare – Ascoltare – Sentire. ____
13 Per controllare il respiro di un paziente bisogna scoprirgli il torace. ____
14 Normalmente una persona fa 1 o 2 respiri al minuto. ____

1b Ora correggi le frasi false.

2 Sei in autostrada e arrivi poco dopo un incidente. Nell'incidente c'è un ferito. Cosa devi fare? Cosa non devi fare? Scrivilo al posto giusto e poi confrontati con la classe.

— Indossare il giubbotto catarifrangente e mettere il triangolo.
— Chiamare subito il 118 per il ferito e anche il 115 se c'è un incendio.
— Fare l'eroe e cercare di fare da solo/a.
— Fermarmi a prestare soccorso.
— Mettere in pratica tecniche di primo soccorso, anche se non le so fare in modo adeguato.
— Se il ferito è un motociclista, togliere il casco.
— Spostare il ferito o muoverlo se è grave o non si capisce bene cos'abbia.
— Valutare la presenza di eventuali pericoli per me e il ferito.

DEVO FARE	NON DEVO FARE
____	____
____	____
____	____
____	____
____	____

POSIZIONI DI SICUREZZA

Si tratta di posizioni che servono a evitare un peggioramento delle condizioni dell'infortunato.
Si mettono in pratica quando il paziente è incosciente o bisogna lasciarlo un attimo per chiamare i soccorsi, oppure quando è necessario praticare un intervento di primo soccorso. Vediamone alcune.

Posizione supina allineata

Bisogna allineare testa, tronco e arti. Si usa:

- quando bisogna spostare l'infortunato, per ridurre il rischio di lesioni vertebrali;
- per permettere le manovre rianimatorie;
- per mantenere le vie respiratorie libere, tirando delicatamente indietro la testa dell'infortunato.

Posizione semiseduta

Bisogna mettere un sostegno dietro il tronco e la testa.
Si usa:

- in caso di infarto cardiaco e traumi al torace;
- per facilitare la respirazione.

Posizione laterale di sicurezza

Si usa quando è necessario lasciare solo un paziente privo di coscienza per andare a chiamare i soccorsi o per aiutare altri infortunati. Questa posizione serve a facilitare l'espulsione di eventuali secrezioni dalla bocca, in modo da mantenere libere le vie respiratorie. In ginocchio vicino all'infortunato:

1. piegare verso l'alto il braccio dell'infortunato che si trova dallo stesso lato del soccorritore. Piegare l'altro braccio del paziente, mettendo la mano sotto alla guancia, in modo che la testa dell'infortunato, una volta girato su un fianco, non si muova.
2. Piegare la gamba del paziente opposta al lato del soccorritore. Facendo presa su spalla e bacino, girare il paziente su un fianco, verso il soccorritore.
3. Estendere delicatamente la testa del paziente, per garantire la pervietà delle vie aeree.
4. Ora il paziente è in posizione di sicurezza.

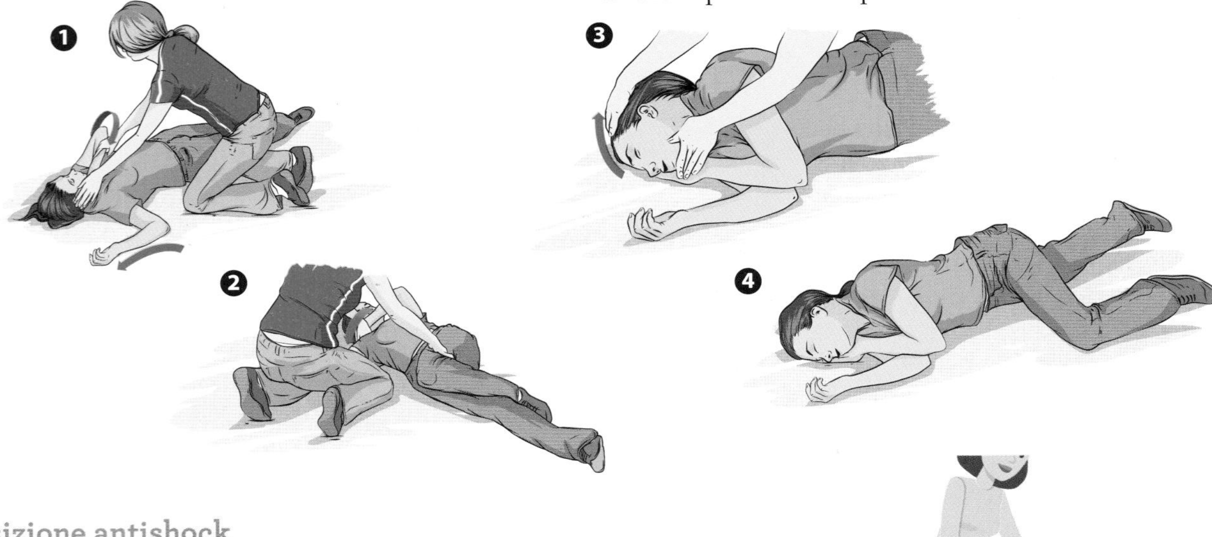

Posizione antishock

Si usa in caso di svenimento, lipotimia (improvvisa ed estrema debolezza che non comporta però perdita di conoscenza) e stati di shock dovuti, ad esempio, a emorragie o reazioni allergiche. Si ottiene sollevando gli arti inferiori del paziente di circa 45° o mettendovi sotto qualcosa per tenerli sollevati, in modo da favorire il ritorno del sangue a cuore e cervello.

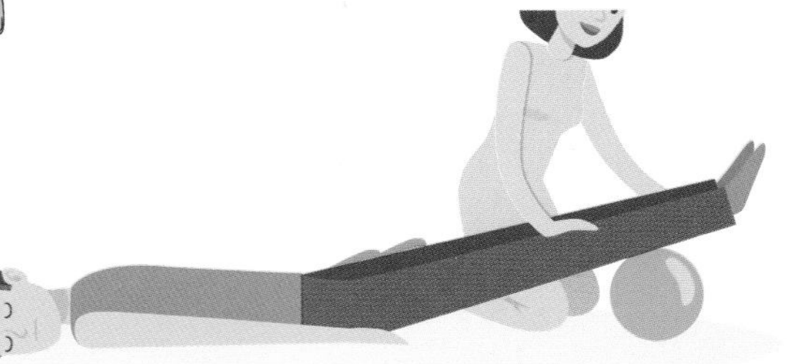

I CASI PIÙ COMUNI, IN BREVE

Avvelenamento da gas

In caso di avvelenamento da metano o monossido di carbonio, i sintomi sono simili: cefalea, nausea e vomito per una esposizione breve, ma se si prolunga possiamo avere anche vertigini, astenia (estrema debolezza), dispnea (difficoltà respiratoria), fino a confusione mentale, calo della vista, convulsioni, arresto cardiocircolatorio, perdita di coscienza e coma. L'avvelenamento da metano dà anche una temporanea euforia.
Bisogna entrare nel locale con un fazzoletto umido su naso e bocca, per proteggere prima di tutto se stessi. Poi è necessario portare immediatamente la vittima all'aria aperta, evitando sforzi e movimenti bruschi, e aprire comunque subito porte e finestre per far uscire il gas e arieggiare l'ambiente.
Una volta all'aperto, bisogna sbottonare i vestiti della vittima, per favorire la respirazione. Se mancano polso o respirazione, effettuare un massaggio cardiaco chiuso e una respirazione artificiale. Se la vittima respira, metterla in posizione laterale di sicurezza.

Attenzione!

Se si tratta di metano, non accendere le luci, non usare il cellulare e non suonare il campanello perché questo gas è altamente infiammabile. Se si tratta di biossido di carbonio che è letale in poco tempo, fare moltissima attenzione perché può fare vittime anche tra i primi soccorritori.

Avvelenamento per ingestione di sostanze tossiche

Queste sostanze possono essere corrosive o non corrosive e possono dare sintomi subito o anche dopo 24-48 ore. I primi sintomi sono, in genere, nausea, vomito, crampi e dolori addominali ma ovviamente il quadro clinico cambia a seconda della sostanza ingerita.
In questi casi è assolutamente necessario l'intervento di un medico, da chiamare immediatamente.
È fondamentale cercare di sapere che tipo di sostanza è stata ingerita (fornendone al medico o al 118 il flacone, se possibile) e non dare assolutamente niente al paziente, neanche l'acqua.

Bendaggio: semplice o complesso

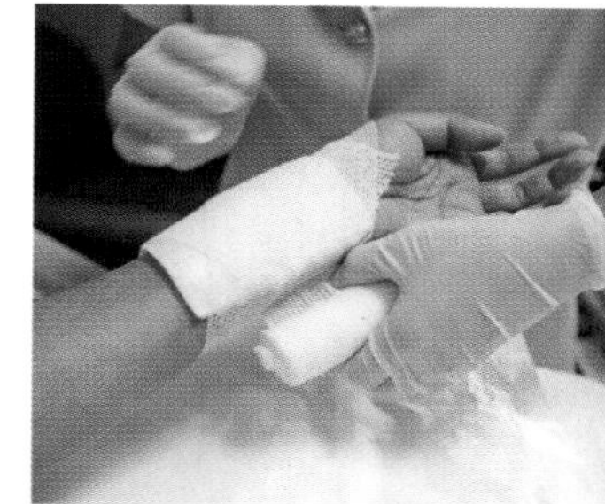

Il bendaggio semplice ha scopi terapeutici ordinari, come fissare garze, medicazioni, impacchi, tenere l'arto a riposo e isolare la zona interessata da elementi esterni. In genere si realizza con fasce, garze o cerotti. I bendaggi complessi hanno invece scopo antalgico, riabilitativo, preventivo e terapeutico e ce ne sono davvero di molti tipi, a seconda del problema e della zona da bendare. Un bendaggio linfologico agli arti inferiori ad esempio, fisso o mobile, si usa nel trattamento intensivo del linfedema (ristagno di linfa), oppure ci possono essere bendaggi di immobilizzazione per le fratture, o bendaggi compressivi per le lesioni muscolari.

3 Abbina le tecniche di bendaggio alla descrizione giusta.

1 ☐ Giro circolare
2 ☐ Giro a spirale
3 ☐ Giri a forma di otto

a Si usa per le articolazioni, come ginocchio, spalla o gomito. Fissare la benda con due giri circolari, tenendola con il pollice. Portare la benda sopra l'articolazione, intorno e poi sotto di essa, in modo da formare un otto. Continuare passando con la benda sopra i primi giri, sovrapponendosi di due terzi. Procedere così. Terminare il bendaggio sopra l'articolazione, con due giri circolari.

b Si usa per parti del corpo di forma cilindrica, su zone estese. Si fanno due giri circolari per fermare la benda, poi si continua ad avvolgere piegando la benda di circa 30°, per sovrapporre ogni giro al precedente di due terzi. Si chiude con due giri circolari.

c Si usa quando si deve fasciare una parte molto limitata del corpo, di forma cilindrica (tronco, coscia, braccio...). Si applica un'estremità della benda sulla parte da fasciare, tenendola ferma con il pollice, e si continua ad avvolgere sopra.

Attenzione!

- Un bendaggio va fatto solo dopo accurata diagnosi.
- Non deve essere troppo stretto, per evitare problemi vascolari, o troppo largo perché non svolgerebbe la propria funzione.
- Bisogna sempre lasciare libera l'estremità dell'arto per controllare l'insorgenza di una cianosi o altro.
- La parte da trattare va tenuta immobile.

Colpo di calore

Si può avere in presenza di tre fattori: temperatura dell'ambiente molto alta, alto grado di umidità, scarsa ventilazione o perché si è bevuta poca acqua durante il giorno. I sintomi più comuni sono cute molto calda e asciutta, malessere generale, agitazione o, addirittura, stati di allucinazione e, in molti casi, mancanza di sudorazione perché la temperatura corporea si alza molto.

Si consiglia di portare il paziente fuori dall'ambiente che gli ha creato il malore, in un luogo fresco, all'ombra e ventilato, e allentare eventuali cinture o cravatte, togliendo anche qualche capo di abbigliamento per far raffreddare il corpo.
Poi si bagna l'infortunato con acqua fredda o un fazzoletto bagnato su inguine, collo e sotto le ascelle. Metterlo disteso e alzargli le gambe aiuta a evitare complicazioni come la perdita di conoscenza. Dargli da bere, a piccoli sorsi, per reidratarlo solo quando la temperatura corporea è scesa. Se la situazione del paziente non torna alla normalità, va comunque allertato il 118, senza muovere il paziente. Il 118 va chiamato comunque in ogni forma di svenimento dato che la perdita di coscienza potrebbe essere causata anche da altri fattori a noi non noti.

Corpi estranei nell'occhio

Se il corpo estraneo è, per esempio, un semplice moscerino, si usa lo spigolino di un fazzoletto o di una garza pulita, strisciandolo sull'occhio con molta delicatezza per estrarre il corpo estraneo. In tutti gli altri casi, bisogna porre il viso dell'infortunato sotto un getto di acqua continua o fare un lavaggio oculare con flaconcini di acqua sterile, divaricando le palpebre e facendo scorrere il getto del flaconcino lungo l'occhio.

Emorragie esterne

Le più gravi sono quelle relative alla lesione di una vena o di un'arteria e il paziente va soccorso immediatamente, dopo aver chiamato il 118.
Questo è il procedimento:

1) sdraiare il ferito, sollevare l'arto infortunato;
2) fare una compressione digitale e applicare una fasciatura compressiva sul punto da cui esce il sangue, con qualsiasi oggetto somigliante a una benda, come una cravatta o una cintura, l'importante è che non sia un oggetto tagliente, come uno spago, ad esempio.

Questo oggetto va ben tirato e si continua a tirare finché il sangue non esce più.

Emorragie interne

È possibile capire che c'è una emorragia interna in corso in base ad alcuni sintomi come pallore, labbra violacee, estremità fredde e livide, confusione mentale e agitazione, ronzio alle orecchie e vista annebbiata, polso molto debole e respiro veloce e affannoso. In questi casi va allertato immediatamente il 118, senza intervenire personalmente in alcun modo.

Attenzione!

La compressione digitale a distanza
Nelle emorragie arteriose come quelle al collo, all'inguine o alla coscia, non dobbiamo premere sul punto di sanguinamento, ma lontano da esso, schiacciando direttamente l'arteria con le mani.
Ecco, in sintesi, alcuni importanti punti di compressione:

- **emorragia della spalla**: si comprime con la punta delle dita dietro alla clavicola, spingendo l'arteria succlavia in basso;
- **emorragie dalla spalla al gomito:** comprimere con i due pollici paralleli il centro dell'ascella, tenendo la spalla con le altre dita incrociate;
- **emorragia dal gomito:** sollevare bene in alto il braccio del paziente e spingere con le dita all'interno del braccio, a metà altezza sotto al bicipite, sull'omero.
- **emorragie dell'avambraccio o della mano:** comprimere con i due pollici paralleli nella piega del gomito, tenendolo con le altre dita incrociate.
- **emorragia della coscia**: spingere con il pugno chiuso e il braccio teso, nella piega inguinale, facendo forza con tutto il peso del nostro corpo. Le dita devono essere parallele alla piega e il braccio teso verso il bacino, non perpendicolare al terreno.
- **emorragie dal ginocchio al piede:** premere con i pollici paralleli nella piega del ginocchio stringendolo bene con le altre dita incrociate.

Attenzione!

Il laccio emostatico interrompe completamente la circolazione sanguigna, quindi diventa pericoloso nell'uso prolungato e, alla mancanza di circolazione, il paziente può andare in shock. L'uso ne è consentito solo in caso di amputazione, schiacciamento se l'arto è ormai irrimediabilmente compromesso, o in caso di emorragie arteriose inarrestabili. Nelle emergenze può essere sostituito con cinture, cravatte o altro, ma mai con oggetti sottili e taglienti come spaghi, ad esempio. Dopo 15 minuti, il laccio va comunque allentato se il ferito non è ancora in ospedale. Si lascia libero l'arto per 3 o 4 minuti poi, se il sanguinamento riprende in modo abbondante, si stringe di nuovo. Il laccio non va mai tolto, ma solo allentato, prima dell'arrivo in ospedale.

Epistassi (o rinorragia)

È un fenomeno abbastanza comune. Si tratta della fuoriuscita di sangue dal naso, per traumi al viso, terapie a base di anticoagulanti, fragilità capillare o sbalzi di pressione. In caso di epistassi, mai tirare indietro la testa del paziente perché il sangue nelle vie digerenti potrebbe provocare vomito.
Quindi, far sedere l'infortunato con la testa piegata in avanti e comprimere, con pollice e indice, la parte bassa del naso, sotto l'osso (ali nasali), per 5-6 minuti, invitando l'infortunato a respirare con la bocca.
Se il sangue non si ferma, ripetere.
Se il sanguinamento dura più di 20 minuti, andare al Pronto Soccorso. Se possibile, usare il ghiaccio nella zona intorno alla narice.
Non infilare mai garze o cotone idrofilo nelle narici.

4 **Vero (V) o Falso (F)? Rispondi.**

1 Durante un colpo di calore si suda sempre molto. ______
2 Durante un colpo di calore il paziente deve bere subito molta acqua. ______
3 Per estrarre un corpo estraneo da un occhio si può usare un fazzoletto. ______
4 Non si può soccorrere un paziente con emorragia esterna. ______
5 Bisogna fare una fasciatura compressiva sul punto da cui esce il sangue. ______
6 Il laccio emostatico va tenuto stretto almeno mezzora. ______
7 Il laccio emostatico non va mai tolto mentre si porta il paziente in ospedale. ______
8 Nell'emorragia della coscia si comprime con il pugno. ______
9 Pallore e labbra violacee sono sintomi di un'emorragia interna. ______
10 In caso di epistassi, tirare subito indietro la testa del paziente. ______

ROLE play

A coppie.
Lo studente A ha un colpo di calore, lo studente B è un soccorritore.
Create un breve dialogo e poi drammatizzatelo davanti alla classe.

Ferite semplici

Abrasioni ed escoriazioni sono ferite superficiali, con un sanguinamento scarso ma con dolore o bruciore locale. La prima cosa da fare è lavarle bene con acqua, per eliminare sassolini, sporco, terra o altro. Poi si asciuga bene, con asciugamani o garze, e si disinfetta con un disinfettante non alcolico e, infine, si applica il cerotto per proteggere la parte lesa.
Nel caso, invece, di una ferita da taglio, se il taglio è superficiale si procede come descritto, applicando però delle garze per tamponare il sanguinamento, togliendole solo quando il sangue si sarà fermato e poi mettere il cerotto.
Se il sanguinamento è abbondante, bisogna usare un blocco di garze o un asciugamano pulito.
Se il sanguinamento è inarrestabile, o comunque molto importante, allora bisogna rivolgersi al 118.

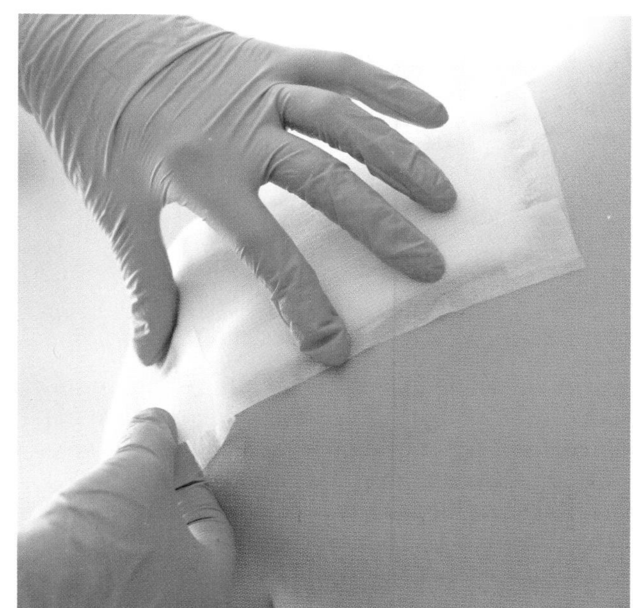

Folgorazione

Si tratta del passaggio di corrente elettrica attraverso il corpo. La prima cosa da fare è staccare la corrente direttamente dal pannello elettrico. Se questo non è possibile, il soccorritore deve mettersi sotto i piedi del materiale isolante, come carta o gomma, e poi allontanare l'infortunato dalla presa di corrente usando un oggetto di legno, come ad esempio il manico di una scopa, o che non sia conduttore di elettricità: mai fare questo a mani nude, altrimenti si resta folgorati. Se la vittima non respira, si procede con la respirazione artificiale, se respira la si mette in posizione laterale di sicurezza e si chiamano i soccorsi.

La frattura di un polso

Se si è in casa, si può usare un cucchiaio di legno, di quelli un po' piatti, come immobilizzatore. In nessun caso si devono togliere l'eventuale maglia o camicia dell'infortunato. L'immobilizzatore si mette sopra ai vestiti, sulla parte interna del braccio, fino al centro del palmo della mano, facendo attenzione a non muovere troppo per non causare dolore o peggiorare la situazione. Poi si arrotola una garza intorno al polso e al cucchiaio, per tenerlo in posizione, senza però tirare troppo per non fermare la circolazione. Infine si prende un foulard, una sciarpa o simili e, creando una base larga che accolga bene il braccio, si lega questo al collo. Fatta l'immobilizzazione, ci si rivolge ai soccorsi. Se il polso è rimasto storto, non provare in alcun modo a sistemarlo.

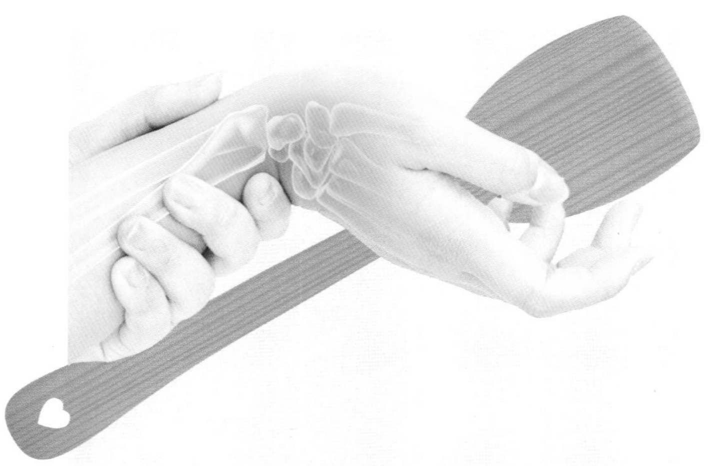

Ipotermia

È un abbassamento della temperatura corporea al di sotto dei 35° dovuto al freddo. Ci sono quattro gradi di iportermia. Nel primo, in cui il paziente ha solo forti brividi, basta coprire il paziente con una coperta e dargli qualcosa di caldo e zuccherato da bere. Se invece il paziente è soporoso, comincia ad agitarsi, ha nausea o addirittura cerca di svestirsi, allora siamo al secondo, se non terzo grado di ipotermia e, sempre tenendo il paziente al caldo, bisogna chiamare i soccorsi. Un paziente soporoso, che fa fatica a muoversi, va spostato con molta prudenza perché il sangue in periferia, che è il più freddo, entra in circolo e può causare uno shock cardiaco, con fibrillazione, se non arresto. Lo stesso vale per il paziente privo di conoscenza, tanto da sembrare privo di vita, quarto grado dell'ipotermia.

Soffocamento per ostruzioni vie aeree

Succede quando qualcosa che si ha in bocca, un boccone di cibo ma anche un piccolo oggetto, scendendo finisce nelle vie aeree, ostacolando la respirazione. Se l'infortunato tossisce, semplicemente lo si incoraggia a continuare, perché l'ostruzione è parziale e la contrazione dei muscoli respiratori risolve il problema.
Se, invece, il paziente non riesce a parlare né a respirare (in genere si porta le mani alla gola), il soccorritore deve mettersi lateralmente al paziente, piegandolo un po' in avanti e dando 5 colpi, piuttosto forti, con la parte bassa del palmo della mano (quella subito sopra il polso) in mezzo alle scapole del paziente.
Se dopo i 5 colpi il corpo estraneo non esce, si pratica la **manovra di Heimlich** in questo modo:

- il soccorritore si mette dietro il paziente, abbracciandolo
- pone un pugno sullo sterno del paziente (la cosiddetta "bocca dello stomaco")
- mette l'altra mano sul pugno
- con le mani così unite fa un movimento molto energico, e molto veloce, spingendo verso l'interno e verso l'alto per cinque volte.

Se, anche in questo caso, il corpo estraneo non esce, il soccorritore ripete i cinque colpi tra le scapole e, subito dopo, le cinque compressioni addominali, sempre molto velocemente. Se la situazione non cambia, il soccorritore fa sdraiare il paziente e attua le compressioni toraciche come in un arresto cardiaco. Questo vale anche per i bambini sopra l'anno di età, mettendosi però in ginocchio ad altezza di bambino.

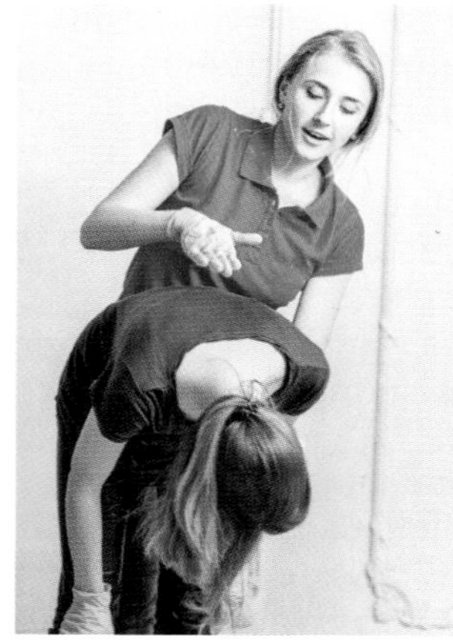

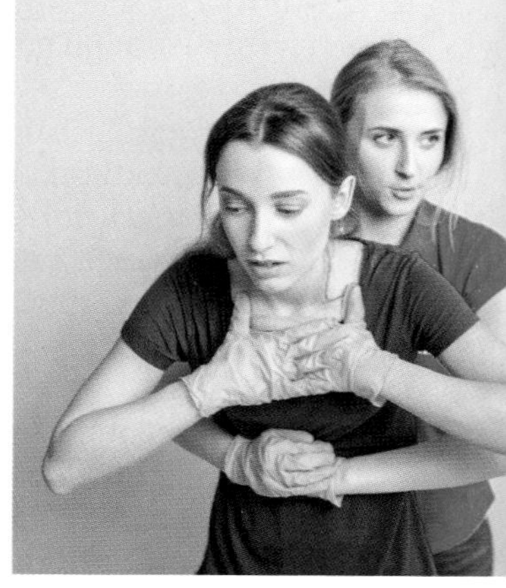

5 Completa il testo con le parole nel riquadro.

aderiscano — arrossamento — bucare — carbonizzata — contatto — ghiaccio — grado — vesciche — vestiti

Ustioni

Si hanno quando si viene a ________________________ con superfici molto calde o direttamente col fuoco.
Le ustioni possono essere di primo, di secondo e di terzo ________________________.
Quelle di primo grado si manifestano con un ________________________ della pelle ma la cute è integra.
Quelle di secondo grado hanno, invece, bolle e ________________________ sulla pelle.
In quelle di terzo grado la cute è nerastra, in quanto ________________________.

- Ustioni di primo grado: mettere la parte ustionata sotto acqua fredda corrente del rubinetto per almeno dieci minuti.
- Ustioni di secondo grado: anche in questo caso usare acqua fresca e corrente e poi applicare delle garze bagnate, in modo che non ________________________ alla parte ustionata.
- Ustioni di terzo grado: si procede come sopra, allertando subito il 118 o un medico.

Evitare di ________________________ vesciche o bolle e non mettere ________________________ che, a sua volta, può bruciare la pelle. Non usare olio di oliva o altri "rimedi" tradizionali: ogni pomata o crema deve essere data dal medico. È bene anche liberare la parte ustionata dai ________________________ a meno che la situazione non sia troppo grave: dato che la stoffa può aderire alla pelle, se si toglie la stoffa ti toglie anche la pelle.

1° grado 2° grado 3° grado

MANOVRE DI RIANIMAZIONE

Rianimazione cardiopolmonare in caso di arresto cardiaco

Si attua quando la vittima non risponde agli stimoli, non respira normalmente e non si sentono segnali di respirazione. In questo caso è importante intervenire prima dell'arrivo del 118, perché delle semplici manovre, eseguite correttamente, possono salvare una vita.
Ecco, in sintesi, cosa fare.

- Se l'ambiente è sicuro, il soccorritore si inginocchia a fianco del paziente e, con delicatezza, lo scuote e lo chiama: se questo non risponde in alcun modo e sembra non respirare, c'è un problema serio.
- Il soccorritore mette la mano che sta verso la testa del paziente sulla fronte di questo e due dita dell'altra mano, sotto il mento, tirando bene indietro la testa per liberare le vie aeree ed evitare che la lingua, rovesciandosi all'indietro, le ostruisca. Poi osserva, per 10 secondi (contandoli), se il torace del paziente si solleva nella respirazione, se si sentono rumori respiratori o se gli arti della vittima si muovono in qualche modo. Se non sente o vede niente, è molto probabile che la vittima sia in arresto cardiaco.
- In questo caso chiama subito il 118 o il 112 e inizia il massaggio cardiaco. In caso di arresto cardiaco, data la situazione di estrema pericolosità, anche se in genere i pazienti non si devono muovere, il soccorritore è autorizzato a mettere la vittima supina, con le braccia allineate lungo il corpo.
- Se il soccorso avviene in un luogo dove ci sono altre persone, è bene che il soccorritore chieda a qualcuno di chiamare il 118, per poter cominciare subito la rianimazione, e lo mandi a cercare un defibrillatore semiautomatico esterno (DAE) (in una farmacia, palestra, scuola, centro commerciale…).

Attenzione!

È importante intervenire subito in caso di arresto cardiaco. Se il soccorritore ha fatto un corso apposito, può iniziare il massaggio cardiaco.
Se non lo ha fatto, nel momento in cui chiama il 118 o il 112 per i soccorsi, sarà l'operatore a guidarlo e a spiegargli come fare.

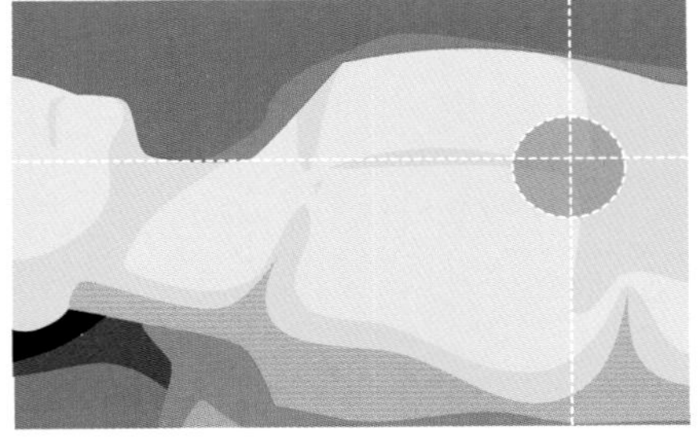
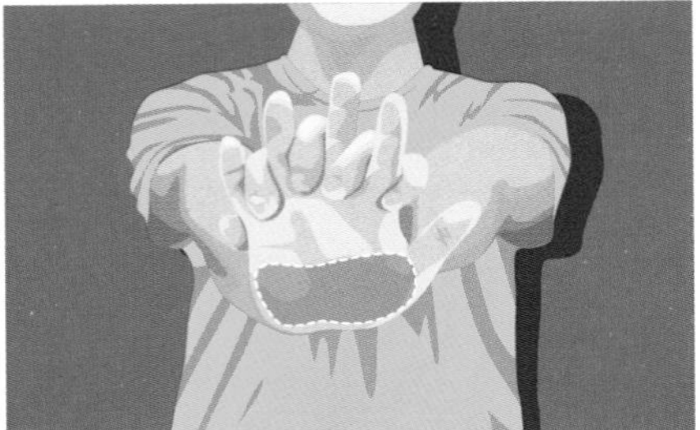
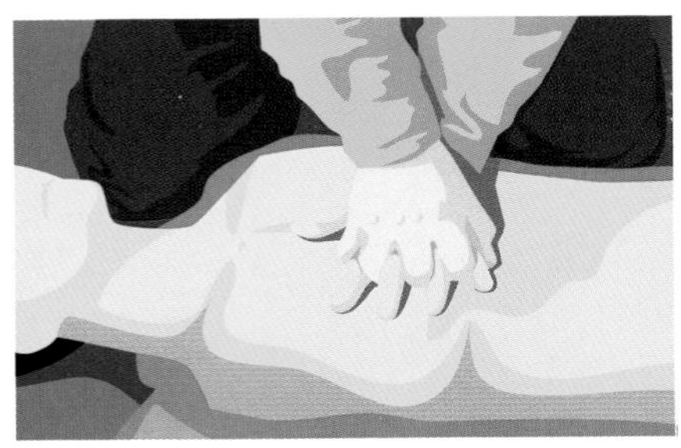

Massaggio cardiaco

- Il soccorritore mette una mano al centro del torace della vittima, nella metà inferiore dello sterno, appoggiandosi sulla parte bassa della mano (quella sopra il polso). Mette l'altra mano sopra questa e intreccia le dita tra loro.
- Si allinea perfettamente con mani e spalle sopra il torace della vittima, bloccando le braccia in posizione ben dritta e ferma (come fossero due bastoni) e comincia a comprimere velocemente (2 volte al secondo) e profondamente per 30 volte.
- Una compressione deve far scendere il torace del paziente di almeno 5-6 centimetri, quindi è una cosa da fare con una certa forza, facendo tornare il torace ogni volta nella posizione di partenza.
  È molto importante non appoggiarsi mai sul paziente quando si comincia a essere stanchi e quindi, se c'è un altro soccorritore, è bene darsi il cambio ogni due minuti. Si può smettere quando il paziente comincia a muoversi o tossire o a respirare.
- Dopo le 30 compressioni, si passa alla respirazione bocca a bocca, che è parte integrante della rianimazione cardiopolmonare.

Respirazione bocca a bocca

- Dopo le 30 compressioni si fanno due ventilazioni. Come prima, il soccorritore tira indietro la testa del paziente con una mano sulla fronte e due dita sotto il mento, facendo in modo che la bocca della vittima si apra. Con le dita della mano che sta sulla fronte del paziente, chiude le narici di questo.
- Mette la sua bocca su quella del paziente, circondandola completamente, e soffia per due volte, con una piccola pausa tra una ventilazione e l'altra, facendo sollevare il torace del paziente ogni volta. Poi riprende il massaggio cardiaco con altre 30 compressioni.

Attenzione!

Nella respirazione bocca a bocca è sempre bene usare una maschera CPR, o presidi simili, per evitare la trasmissione di infezioni tra soccorritore e vittima e scambio di liquidi.

Uso del defibrillatore semiautomatico

Mentre il soccorritore continua il massaggio cardiaco, si inizia il trattamento con il defibrillatore portatile da parte di un secondo soccorritore.
Il defibrillatore, una volta acceso, dà tutte le indicazioni necessarie. Non toccare il paziente quando il defibrillatore è in funzione.

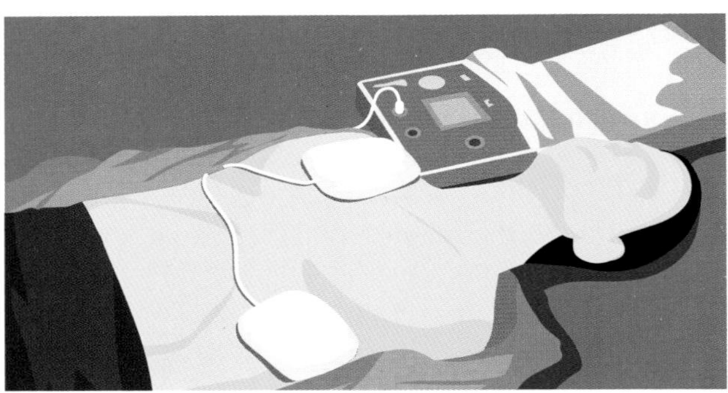

6 (26) **Ascolta le istruzioni di base del defibrillatore e scrivile al posto giusto.**

- *Applicare la placca sulla cute del paziente esattamente come illustrato nell'immagine.*
- *Effettuare la scarica adesso.*
- *Esame del ritmo cardiaco in corso.*
- *Iniziare la rianimazione cardiovascolare.*
- *Inserire il connettore.*
- *Rimuovere ogni indumento dal torace del paziente.*
- *Scarica effettuata.*
- *Scarica insediata. Scarica in corso. Allontanarsi dal paziente.*

1 ______________________________

Il soccorritore alza maglietta, maglione, camicia... lasciando il paziente a petto nudo.

2 ______________________________

Si toglie la protezione agli elettrodi adesivi, uno alla volta, e se ne mette uno sotto la clavicola destra e uno sotto l'ascella sinistra del paziente.

3 ______________________________

4 ______________________________

Il primo soccorritore, a questo punto, interrompe le compressioni che ha sempre continuato a fare, per permettere al defibrillatore di analizzare la situazione del paziente.

5 ______________________________

Il soccorritore fa allontanare tutti i presenti, perché il defibrillatore è pronto per la scarica.

6 ______________________________

Uno dei soccorritori preme il pulsante della scarica.

7 ______________________________

8 ______________________________

Uno dei soccorritori riprende a fare le 30 compressioni e l'altro, al termine di queste, le due ventilazioni (vedi sopra).

ROLE play

Gruppi di tre. Lo scopo è effettuare un massaggio cardiovascolare per arresto cardiaco.
Al posto del paziente si può usare un cuscino o una bambola, NON un altro studente.
Gli studenti A e B descrivono ogni cosa che fanno. Lo studente C simula la voce automatica del defibrillatore.
Studente A = primo soccorritore
Studente B = secondo soccorritore
Studente C = voce automatica del DAE.
Al termine, l'insegnante corregge eventuali errori. La drammatizzazione più "intensa" e corretta, vince.

Attenzione!

Norme generiche, ma importantissime, nelle emergenze

1. Per prima cosa, verificare se ci sono pericoli sul luogo del malore o dell'incidente.
2. Il soccorritore deve sempre mettere in sicurezza se stesso per primo, per non diventare a sua volta una vittima.
3. In genere, non bisogna spostare il paziente prima dell'arrivo dei soccorsi, ma se la situazione è pericolosa (fuga di gas, rischio di incendio...) la vittima va spostata e portata in un luogo sicuro, anche a rischio di poterle fare male.
4. Cercare di capire se la vittima è ancora viva: stimolazione del paziente, chiamandolo e scuotendolo (ovviamente con attenzione) e controllando se respira (GAS, pag. 72).
5. Valutare se ci sono sanguinamenti e, se sì, comprimerli.
6. Controllare se ci sono posizioni da frattura degli arti: se sì, non muovere l'arto e lasciarlo come lo si trova;
7. Se la vittima ha del vomito, cercando di muoverla il meno possibile, girarla comunque su un fianco, in modo da far uscire i liquidi senza ostruire le vie respiratorie.
8. Restare accanto alla vittima per confortarla e controllare periodicamente se la sua situazione è stabile.
9. Mantenere la calma: l'ansia e la preoccupazione che si scatenano in una situazione d'emergenza, infatti, possono farci fare le cose in fretta e male o, al contrario, renderci incapaci di agire.
10. Chiamare subito i soccorsi: 118 o 112.

GLOSSARIO ALFABETICO

allentare ______
allertare ______
arresto ______
aritmico ______
conduttore ______
corpo estraneo ______
corrosivo/a ______
da taglio ______
espulsione ______
euforia ______
flaconcino ______
frequenza ______
ingerire ______
inguine ______
isolante ______
livido/a ______
posizionarsi ______
prolungato/a ______
quadro clinico ______
repere ______
schiacciamento ______
sommario/a ______
soporoso/a ______
spigolino ______
ventilazione ______

Attenzione!

Annegamento
Se chi ha rischiato di annegare è cosciente o comunque respira, lo si gira su un fianco per fargli espellere l'acqua ingerita. Diversamente, è uno dei casi in cui si effettua la rianimazione cardiovascolare e la respirazione bocca a bocca.

12 La pandemia

PANDEMIA: CHE COS'È

Una pandemia è un'epidemia che si diffonde ovunque, in nazioni e continenti, invadendo velocemente territori molto vasti. Si realizza in presenza di queste tre condizioni:

1 un organismo fortemente virulento;

2 mancanza di immunizzazione nell'essere umano;

3 trasmissione da uomo a uomo.

PIANO PANDEMICO: CHE COS'È

È un programma che serve a fronteggiare una malattia nuova con diffusione mondiale, contro la quale la popolazione non ha anticorpi specifici, il che causa un sovraccarico del sistema sanitario. Un piano pandemico prevede quindi il coordinamento e l'organizzazione delle diverse realtà sanitarie e di tutte le soluzioni da mettere in atto per contrastare il diffondersi della malattia. Resta sempre, però, un programma generico, dato che – basandosi per definizione su una malattia nuova, mai vista prima – non può certo conoscere in anticipo di quale malattia si tratterà e come questa si svilupperà. Si tratta, insomma, di una serie di norme generiche.

Di fronte a una pandemia, ogni Paese crea il proprio piano pandemico le cui linee comuni sono suggerite dall'OMS (Organizzazione Mondiale della Sanità) sulla base delle precedenti esperienze. Le modalità di controllo dell'epidemia, invece, sono diverse da Paese a Paese a seconda di come è organizzata la realtà sanitaria di ciascuno.

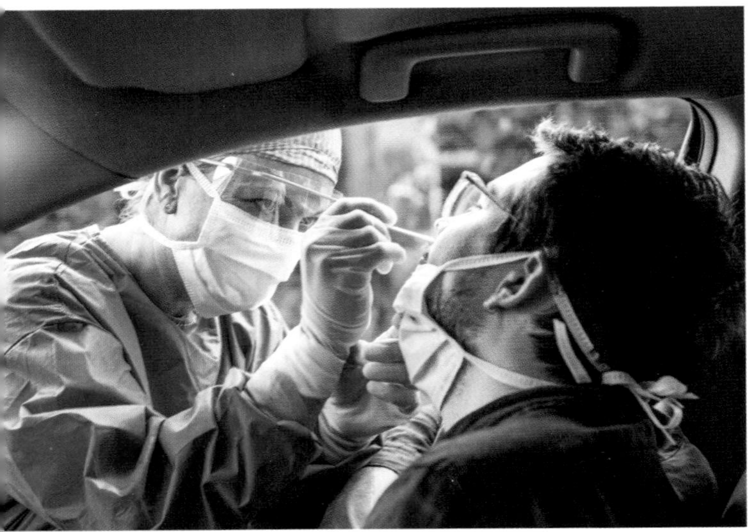

Il piano pandemico italiano

Dopo l'emergenza influenzale aviaria da virus A/H5N1, nel 2003 l'OMS aveva invitato le diverse nazioni ad avere un piano pandemico da mettere in atto in caso di un'eventuale nuova pandemia e da aggiornare costantemente. L'Italia ne aveva creato uno nel 2006, via via aggiornandolo. Durante l'epidemia di COVID-19 del 2020, quindi, l'Italia ha seguito delle linee guida generali che non potevano tenere conto della crisi sociale e produttiva che ne sarebbe seguita e di altre conseguenze imprevedibili, come l'enorme numero di mascherine o tute di protezione che sarebbero state necessarie.

Attenzione!

L'influenza

È una malattia respiratoria acuta causata da virus influenzali. Stagionale, è un problema di sanità pubblica, in quanto ha sempre una serie di conseguenze sia dal punto di vista clinico che economico. Infatti, è contagiosa, soggetta alla variabilità antigenica dei virus e con possibili complicanze, soprattutto per anziani e bambini, per non parlare dei giorni lavorativi persi e la conseguente diminuzione di produttività. Il virus influenzale, identificato solo nel 1933 in Inghilterra, può infettare sia uomini che animali. I virus influenzali umani sono divisibili in tre tipi: A, B e C.

Tipo A: sono i responsabili delle forme più serie di influenza e possono causare epidemie e pandemie.

Tipo B: possono causare epidemie, ma non pandemie o almeno così sembra. Non sono troppo pericolosi.

Tipo C: di solito creano solo infezioni asintomatiche o molto lievi.

1 **Vero (V) o Falso (F)? Rispondi.**

1 Una pandemia invade velocemente vasti territori. ____
2 Causa di una pandemia è un organismo fortemente virulento. ____
3 Un piano pandemico si occupa di malattie già conosciute. ____
4 Una pandemia causa un sovraccarico del sistema sanitario. ____
5 Un piano pandemico non può essere generico. ____
6 I diversi Paesi seguono solo le direttive dell'OSM. ____
7 L'OSM ha cominciato a pensare a un piano pandemico nel 2003. ____
8 L'Italia ha creato il suo piano pandemico nel 2018. ____
9 L'Italia non lo ha usato nella pandemia del 2020. ____
10 La pandemia del 2020 ha avuto comunque conseguenze imprevedibili. ____

2 **Nel 2020 i vari Stati hanno affrontato la pandemia in modo diverso. Secondo te, quale Stato si è organizzato meglio? Perché? Spiegalo alla classe poi, insieme, scrivete una classifica delle soluzioni secondo voi migliori.**

PIANO NAZIONALE DI PREPARAZIONE E RISPOSTA A UNA PANDEMIA INFLUENZALE

Questi i punti fondamentali, tratti dal documento del piano pandemico italiano del 2018:

1. Identificare, confermare e descrivere rapidamente casi di influenza causati da nuovi sottotipi virali, in modo da riconoscere tempestivamente l'inizio della pandemia.
2. Minimizzare il rischio di trasmissione e limitare la morbosità e la mortalità dovute alla pandemia.
3. Ridurre l'impatto della pandemia sui servizi sanitari e sociali e assicurare il mantenimento dei servizi essenziali.
4. Assicurare una adeguata formazione del personale coinvolto nella risposta alla pandemia.
5. Garantire informazioni aggiornate e tempestive per i decisori, gli operatori sanitari, i media e il pubblico.
6. Monitorare l'efficienza degli interventi intrapresi.

Le azioni chiave per raggiungere gli obiettivi del Piano sono:

1. Migliorare la sorveglianza epidemiologica e virologica.
2. Attuare misure di prevenzione e controllo dell'infezione (misure di sanità pubblica, profilassi con antivirali, vaccinazione).
3. Garantire il trattamento e l'assistenza dei casi.
4. Mettere a punto piani di emergenza per mantenere la funzionalità dei servizi sanitari e altri servizi essenziali.
5. Mettere a punto un Piano di formazione.
6. Mettere a punto adeguate strategie di comunicazione.
7. Monitorare l'attuazione delle azioni pianificate per fase di rischio, le capacità / risorse esistenti per la risposta, le risorse aggiuntive necessarie, l'efficacia degli interventi intrapresi; il monitoraggio deve avvenire in maniera continuativa e trasversale, integrando e analizzando i dati provenienti dai diversi sistemi informativi.

3a **A coppie. Rileggete l'elenco del piano pandemico italiano, discutetene insieme e completate la tabella. Poi parlatene con la classe.**

Punti di forza	Punti di debolezza

3b **Ora, sempre a coppie, trovate tre soluzioni secondo voi utili per contrastare una pandemia. Poi parlatene con la classe e spiegatene le motivazioni.**

1 ______

2 ______

3 ______

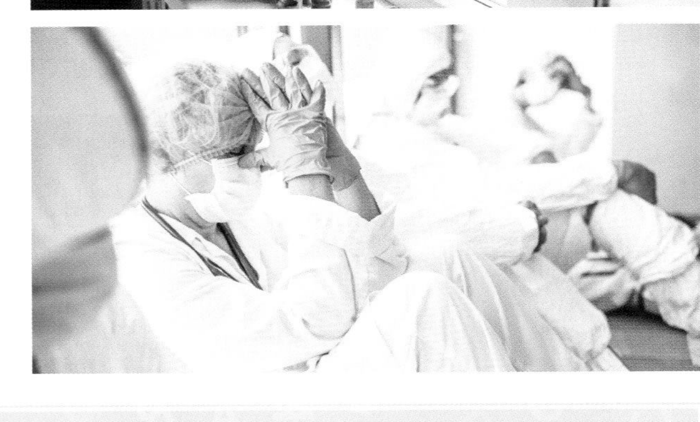

GLOSSARIO ALFABETICO

contagioso/a ______
distanziamento ______
fronteggiare ______
impatto ______
imprevedibile ______
minimizzare ______
monitorare ______
sovraccarico ______
tempestivo/a ______
trasversale ______

Le misure di contenimento italiane

4 (27) **Queste, in sintesi, sono le misure di contenimento della pandemia raccomandate dal Ministero della Salute italiano nel 2020. Ascolta e completale con le parole nel riquadro.**

assembramento — contatti — conviventi — distanza — distanziamento — domicilio — igiene — incompatibili — lavaggio — lievi — mascherina — obbligatorio — patologie — quarantena — raccomandato — respiratoria — sintomi — soggetti — starnutire — vietato

#STOPvirus

1 Le persone che presentano ______________, anche ______________, quali febbre, mal di gola, tosse, congestione nasale, difficoltà ______________, dolori muscolari, diarrea devono rimanere nel proprio ______________ e contattare il proprio medico curante.

2 È assolutamente ______________ muoversi dalla propria abitazione e avere ______________ sociali per le persone sottoposte a ______________.

3 È vietato l'______________ di persone in luoghi pubblici.

4 Si raccomandano il ______________ frequente delle mani (con acqua e sapone o una soluzione alcolica) e una corretta ______________ respiratoria (tossire e ______________ in un fazzoletto o nella piega del gomito).

5 È ______________ mantenere una ______________ di almeno un metro tra persone.

6 È obbligatorio sull'intero territorio nazionale avere sempre con sé la ______________.

7 È obbligatorio l'utilizzo della mascherina:
- nei luoghi al chiuso che non siano la propria abitazione
- in tutti i luoghi all'aperto, a eccezione di quelli in cui il ______________ tra persone non conviventi è possibile.

8 Non sono ______________ all'obbligo della mascherina:
- le persone che stanno svolgendo attività sportiva
- i bambini di età inferiore ai 6 anni
- le persone con ______________ o disabilità ______________ con l'uso della mascherina.

9 È fortemente ______________ l'utilizzo della mascherina nelle abitazioni private in presenza di persone non ______________.

Soluzioni e trascrizioni

Unità 1

1 (2)

1 la testa (il capo) - 2 il collo - 3 la spalla - 4 il torace (il petto) - 5 lo stomaco - 6 l'addome (la pancia) - 7 il braccio - 8 l'avambraccio - 9 il polso - 10 la mano - 11 le dita della mano - 12 l'anca - 13 la gamba - 14 la coscia - 15 il ginocchio - 16 il polpaccio - 17 la caviglia - 18 il piede - 19 le dita del piede - 20 la nuca - 21 il dorso (la schiena) - 22 il gomito - 23 il gluteo - 24 il poplite
La testa 25 la fronte - 26 il sopracciglio - 27 la palpebra - 28 le ciglia - 29 l'occhio - 30 lo zigomo - 31 la guancia - 32 l'orecchio - 33 il naso - 34 la narice - 35 la bocca - 36 il labbro
La mano la falange - l'unghia - il dorso - il dito - il pollice - l'indice - il medio - l'anulare - il mignolo

2 (3)

1 il cervello - 2 la trachea - 3 il polmone - 4 il cuore - 5 la milza - 6 il fegato - 7 lo stomaco – 8 il rene - 9 il pancreas - 10 l'intestino - 11 la vescica urinaria

3a 1 D, 2 L, 3 F, 4 G, 5 A, 6 C, 7 M, 8 H, 9 I, 10 E, 11 B.

3b (4)

1 gli agenti patogeni sono microrganismi che portano malattie, 2 digerire significa trasformare il cibo in sostanze che nutrono l'organismo, 3 l'enzima è una sostanza che accelera, cioè rende più veloce, una reazione chimica.
4 espellere significa mandare fuori, far uscire. 5 metabolizzare significa trasformare e assimilare una sostanza. 6 la minzione è quando si espelle urina, si fa pipì. 7 l'ormone è una sostanza che trasmette messaggi da una cellula all'altra.
8 secernere è quando una ghiandola produce delle sostanze.
9 sintetizzare significa creare una sostanza con alcuni elementi, anche più semplici.

Soluzione: 1 a, 2 b, 3 a, 4 b, 5 a, 6 a, 7 b, 8 b, 9 a.

3c **(Soluzione possibile) APPARATO DIGERENTE**:
Il **pancreas** ha due funzioni, endocrina ed esocrina. Funzione endocrina: secerne nel sangue degli ormoni. Funzione esocrina: produce gli enzimi necessari per la digestione. – Il **fegato** (fa parte del sistema endocrino, ma è collegato all'apparato digerente) ha tre funzioni principali: 1) regolazione di sostanze importanti per la stabilità dell'organismo; 2) immagazzinamento di proteine, grassi (lipidi) e vitamine; 3) filtro, perché metabolizza ed espelle prodotti di rifiuto e tossine. – L'**intestino** è diviso in tenue e crasso. Il tenue (diviso in duodeno, digiuno e ileo) ha come funzione principale quella di digerire il cibo. Il crasso (diviso in cieco, colon e retto) assorbe l'acqua dei resti di cibo non digeribili, poi espulsi come feci. – Lo **stomaco** immagazzina il cibo e lo trasforma in modo adatto per la successiva digestione.
APPARATO RESPIRATORIO: I **polmoni** portano l'ossigeno dell'aria al sangue ed espellono l'anidride carbonica. – La **trachea** consente il passaggio dell'aria esterna fino ai polmoni.
SISTEMA NERVOSO: Il **cervello** è diviso in due emisferi (destro e sinistro) e in quattro sezioni principali (lobo frontale, lobo parietale, lobo temporale e lobo occipitale).
APPARATO URINARIO: I **reni** filtrano il sangue, producono urina e secernono ormoni necessari al sangue. – La **vescica urinaria** raccoglie l'urina che proviene dai reni, tra una minzione e l'altra.
SISTEMA CIRCOLATORIO: Il **cuore** è diviso in 4 "camere": due atri e due ventricoli. Trasporta l'ossigeno dai polmoni alle cellule del corpo e scambia l'anidride carbonica tramite vene e arterie. La vena cava inferiore e la vena cava superiore portano il sangue con l'anidride carbonica dagli organi al cuore; l'arteria polmonare e la vena polmonare permettono il passaggio di sangue tra cuore e polmoni; l'aorta riporta e distribuisce il sangue con l'ossigeno all'organismo. – La **milza** fa parte del sistema immunitario, ma è collegata al sistema circolatorio perché produce i globuli bianchi del sangue, elimina i vecchi globuli rossi e controlla la presenza di agenti patogeni.

4 addome, anca, anulare, avambraccio, bocca, caviglia, ciglia, dito, fronte, ginocchio, gluteo, labbro, mano, narice, naso, nuca, orecchio, palpebra, pollice, polpaccio, polso, poplite, sopracciglio, spalla, stomaco, testa, torace, unghia, zigomo: Policlinico Sant'Orsola-Malpighi di Bologna.

Unità 2

1 1 arteria, 2 tonaca intima, 3 tonaca media, 4 tonaca avventizia, 5 globulo rosso, 6 globulo bianco, 7 piastrina, 8 plasma.

2a (5)

1 aorta, 2 valvola aortica, 3 arteria polmonare sinistra, 4 vene polmonari sinistre, 5 atrio sinistro, 6 valvola mitrale o mitralica, 7 ventricolo sinistro, 8 ventricolo destro, 9 valvola polmonare, 10 vena cava inferiore, 11 valvola tricuspide, 12 atrio destro, 13 vene polmonari destre, 14 arteria polmonare destra, 15 vena cava superiore, 16 arteria succlavia destra,

17 arteria carotide destra, 18 arteria carotide sinistra, 19 arteria succlavia sinistra.

2b 1 aorta, 2 aortica, 3 mitralica, 4 sinistre, 5 succlavie, 6 inferiore.

3 (6)

1 arteria carotidea interna - 2 arteria carotidea esterna - 3 vena giugulare interna - 4 vena giugulare esterna - 5 arteria succlavia - 6 vena succlavia - 7 aorta - 8 vene polmonari - 9 arterie polmonari - 10 vena cava superiore - 11 vena cava inferiore - 12 aorta discendente - 13 vena basilica - 14 arteria brachiale - 15 vena cefalica - 16 vena epatica - 17 arteria renale - 18 vena iliaca comune - 19 arteria iliaca comune - 20 arteria femorale - 21 vena femorale - 22 arteria tibiale anteriore - 23 vena dorsale del piede - 24 arteria dorsale del piede

4 (7)

1 l'osso frontale - 2 lo zigomo - 3 la mascella - 4 la mandibola - 5 la vertebra - 6 la clavicola - 7 la scapola - 8 lo sterno - 9 la costola - 10 la colonna vertebrale - 11 l'omero - 12 il radio - 13 l'ulna - 14 il carpo - 15 il metacarpo - 16 le falangi - 17 l'ileo - 18 il sacro - 19 il coccige - 20 il femore - 21 la rotula - 22 il perone - 23 la tibia - 24 il tarso - 25 il metatarso - 26 le falangi

5 (8)

1 sternocleidomastoideo - 2 trapezio - 3 deltoide - 4 grande pettorale - 5 retto dell'addome - 6 grande dorsale - 7 tricipite - 8 bicipite - 9 flessori delle dita - 10 estensori delle dita - 11 grande gluteo - 12 sartorio - 13 adduttore - 14 semimembranoso - 15 bicipite femorale - 16 gastrocnemio - 17 soleo

6 **(Soluzione possibile)** 1 grande gluteo, sartorio, adduttore, semimembranoso, bicipite femorale, gastrocnemio, soleo; 2 sternocleidomastoideo, trapezio, flessori ed estensori delle dita, grande dorsale.

7 (9)

1 solco parietale, 2 lobo limbico, 3 lobo parietale, 4 lobo occipitale, 5 ghiandola pineale, 6 mesencefalo, 7 cervelletto, 8 midollo allungato (bulbo), 9 ponte, 10 corpo mammillare, 11 lobo temporale, 12 ipotalamo, 13 talamo, 14 corpo calloso, 15 lobo frontale.

8 amigdala – pineale – ipotalamo – encefalico.

9 1 Vero, 2 Vero, 3 Falso, 4 Vero, 5 Vero, 6 Vero, 7 Falso, 8 Vero, 9 Vero.

10a (10)

1 cavità nasale - 2 cavità orale - 3 faringe - 4 epiglottide - 5 laringe - 6 trachea - 7 pleura - 8 bronco - 9 bronchioli - 10 alveoli - 11 polmone - 12 diaframma

10b I **polmoni** sono i due organi preposti alla ematosi, processo durante il quale danno ossigeno al sangue eliminando l'anidride carbonica. Il loro compito principale, infatti, è ricevere dalla circolazione sanguigna il sangue con l'anidride carbonica, ripulirlo e poi inviarlo al cuore che, infine, lo manda a tutto l'organismo. Sono avvolti dalla **pleura**, che è una membrana sierosa che permette loro di scorrere sulle pareti della cavità polmonare e, quindi, di espandersi quando incamerano ossigeno (inspirazione). Tutto il processo, però, inizia dal naso: le cellule della **cavità nasale** producono acqua e muco, in modo da scaldare e umidificare l'aria inspirata, per non danneggiare i **polmoni**. Dalla cavità nasale, l'aria passa alla **faringe**: a forma di imbuto, trasporta aria ai polmoni e cibo all'apparato digerente. Lì dove il canale per l'aria e quello per il cibo si separano, si trova l'**epiglottide**, una membrana che impedisce al cibo di arrivare ai polmoni. Arrivata alla **laringe**, l'aria inspirata... ci fa parlare. Nella **laringe**, infatti, si trovano le corde vocali, che vibrano al passaggio dell'aria, producendo parole. La **trachea**, sotto, è un tubo di anelli di cartilagine a forma di C: le sue "ciglia vibratili" allontanano con il classico "colpo di tosse" i corpi estranei nell'aria. La **trachea** si divide in due **bronchi**: uno va al polmone sinistro e l'altro al destro. I due **bronchi** si dividono in tanti rami sempre più piccoli, chiamati **bronchioli**, che terminano negli **alveoli**, piccole vesciche avvolte da capillari.

11a (11)

1 bocca - 2 esofago - 3 fegato - 4 stomaco - 5 cistifellea (o colecisti) - 6 duodeno - 7 pancreas - 8 intestino crasso - 9 intestino tenue - 10 retto

11b (12)

La bocca - Relativamente all'apparato digerente, è la parte iniziale, quella che collega l'ambiente esterno all'organismo. È composta da una porzione **mascellare** (sopra) e una **mandibolare** (sotto), dotate di denti la cui funzione principale è quella di masticare il cibo.
L'epiglottide - È formata da una cartilagine elastica. Durante la deglutizione, **si abbassa** sull'apertura della laringe per evitare che il cibo masticato e la saliva arrivino nelle vie aeree (cosa che accade quando il cibo "va di **traverso**").
La faringe - È il primo tratto del tubo digerente: con la **deglutizione**, riceve dalla bocca il bolo alimentare (cibo masticato e in parte digerito dagli enzimi della **saliva**) e lo porta all'esofago. È di natura muscolo-**mucosa**.
L'esofago - Anch'esso di natura muscolo-mucosa, contraendosi porta il **bolo** alimentare allo stomaco.
Lo stomaco - È l'organo che raccoglie il bolo alimentare, lo rimescola e lo **digerisce** ulteriormente grazie all'azione dei succhi **gastrici**. Tra stomaco ed esofago c'è una **congiunzione** nota come cardias; sotto, invece, lo stomaco si collega all'intestino tenue con il piloro, che regola l'accesso all'intestino.

Il fegato - È la nostra **ghiandola** più grande. Relativamente all'apparato digerente, tra le sue funzioni principali, facilita la trasformazione del cibo con l'**emulsione** dei grassi, **sintetizza** glucosio, trigliceridi e colesterolo e controlla il **metabolismo** delle proteine. Inoltre, immagazzina vitamina B12, glucosio, ferro e rame.
Il pancreas - È una ghiandola e il succo **pancreatico** che secerne, contiene enzimi indispensabili per la digestione. La secrezione del pancreas è endocrina (il succo va direttamente nel sangue) ed esocrina (si raccoglie in una cavità o viene rilasciato all'esterno).
L'intestino tenue - È la parte più lunga dell'intestino (circa sette metri) e si divide in tre porzioni: duodeno, digiuno e ileo. All'interno, ha una **mucosa** ricoperta di villi intestinali, che assorbono i **nutrienti**, e di pliche circolari, che ne ampliano la superficie, facilitando così i compiti **digestivi**.
L'intestino crasso - È la parte finale dell'intestino e dell'apparato digerente. Va dalla valvola ileo-cecale all'orifizio dell'ano. La sua funzione è **terminare** la digestione mediante **assorbimento**, fermentazione ed **evacuazione** del cibo che poi, attraverso il **retto**, arriva all'ano e ne esce come **feci**.

12 Risposta libera.

13 (13)

Femminile
1 utero - 2 endometrio - 3 miometrio - 4 canale cervicale - 5 cervice - 6 vagina - 7 legamento ovarico - 8 infundibolo - 9 follicoli - 10 ovaio - 11 tuba di Falloppio - 12 fondo (dell'utero)
Maschile
1 vescicola seminale - 2 dotto deferente - 3 ghiandole bulbouretrali (o ghiandole di Cowper) - 4 epididimo - 5 testicolo - 6 glande - 7 orifizio uretrale (o meato urinario) - 8 pene - 9 uretra - 10 prostata - 11 vescica urinaria

14 1 Vero, 2 Vero, 3 Falso, 4 Vero, 5 Falso, 6 Vero, 7 Vero, 8 Vero, 9 Falso, 10 Falso.

15a (14)

1 aorta addominale - 2 vena cava inferiore - 3 arteria renale - 4 vena renale - 5 reni - 6 ureteri - 7 vescica urinaria - 8 uretra

15b I **reni** sono due, posizionati ai lati della colonna vertebrale nelle "fosse lombari", cioè per il **rene** destro la zona sotto al fegato e per il rene sinistro la zona dietro la milza. Sono gli organi principali per la produzione dell'urina. Questa passa attraverso gli **ureteri** (due dotti muscolo-mucosi) e arriva fino alla **vescica** urinaria: quando la parte muscolare degli ureteri si contrae, l'urina viene immessa nella vescica. Una valvola negli ureteri impedisce all'urina di risalire verso i reni. La vescica urinaria, che raccoglie l'urina, nelle donne si trova davanti all'utero, negli uomini, invece, davanti al retto. L'**uretra**, infine, è un canale che arriva fino l'orifizio uretrale: abbiamo visto a pagina 22 che, nell'uomo, trasporta anche lo sperma.

Unità 3

1 1 Falso, 2 Vero, 3 Vero, 4 Vero, 5 Falso, 6 Falso, 7 Falso, 8 Falso, 9 Falso, 10 Vero.

2 1 convenzionato, 2 prestazione, 3 trattare, 4 intervento, 5 farmaco, 6 regime.

3 (15)

- Buongiorno dottoressa, vorrei le pillole SubitoBen per la pressione.
- Ha la ricetta?
- Sì, ho quella rossa.
- Mi dispiace, signore, ma questa ricetta è scaduta!
- Oh, no! E ora come faccio? Sono qui a Milano per lavoro... io abito in Veneto! Non posso farmi fare una ricetta! Non ho il medico qui!
- Guardi, si faccia mandare dal suo medico una ricetta elettronica!
- Oddio... io non sono tanto bravo in queste cose!
- Lei deve semplicemente mandare un messaggio al suo medico. Lui va sul sito del Sistema Sanitario Nazionale, dove compila la ricetta per Lei. Il Servizio Sanitario Nazionale convalida i dati e Lei riceve un promemoria con il numero della ricetta elettronica. Lei mi dice quel numero e io posso darle le pillole.
- Ma fantastico!
- Sì, e anche semplice... inoltre, una ricetta elettronica vale anche fuori regione, come nel suo caso. Con la vecchia ricetta rossa, infatti, Lei avrebbe pagato le pillole molto di più che in Veneto.
- La ringrazio. Mi faccio mandare il numero della ricetta e torno.

Soluzione: Sistema Sanitario Nazionale – pillole – ricetta elettronica – ricetta rossa – scaduta – compila – fuori Regione.

4 1 D, 2 F, 3 I, 4 G, 5 C, 6 A, 7 H, 8 L, 9 B, 10 E.

5 (16)

- Allora dottore, come va la mia anca? Qual è la sua **diagnosi**?
- Purtroppo, signora Pini, lei ha una forma grave di artrosi e la cartilagine tra le articolazioni è quasi del tutto consumata.
- E quindi?
- E quindi, purtroppo, dobbiamo fare una protesi all'anca.
- Una protesi?! Addirittura?! Non ci sono **alternative**?
- Se vuole stare bene, no. La cartilagine è al minimo ormai e lei rischia di non camminare più. E avrà il **beneficio** di non avere più dolore.
- Una protesi... me l'aspettavo... Ci sono dei possibili **rischi**?
- No, assolutamente. Lei non ha alterazioni gravi dell'anatomia articolare ed è ancora giovane. In pratica, sarà un **intervento** di routine. Le metteremo una protesi al titanio, come questa. Vede?

– Titanio? Ma so che questo **materiale** può dare **complicanze**!
– Beh, la nostra è ricoperta di materiale biologico e, quindi, il titanio non entra in contatto con l'organismo in nessun modo.
– E dopo l'intervento?
– Noi mettiamo in piedi i pazienti già il giorno dopo, con l'aiuto di un fisioterapista. Lei farà della **riabilitazione** qui in ospedale per una settimana. E poi, a casa, farà riabilitazione in acqua.
– Sarà doloroso, dopo l'operazione?
– No, stia tranquilla. La nostra Algologia è tra le migliori in Italia.
– E vada per l'operazione! Che **documentazione** devo presentare per il **ricovero**?
– La **tessera sanitaria**, la carta d'identità e l'**impegnativa** del suo medico **curante**. Gli esami preoperatori li faremo in ospedale direttamente.

Unità 4

17

l'aspiratore chirurgico – il diafanoscopio - il defibrillatore cardiaco – il deflussore – il bisturi – il catetere (per drenaggio urinario) – il divaricatore – l'ECMO (Ossigenazione extracorporea a membrana) – l'elettrobisturi – l'elettrocardiografo – la fleboclisi – l'inalatore – l'incubatrice neonatale – la lampada a fessura – l'otoscopio – il laringoscopio – i macchinari per la risonanza magnetica o per la TAC – la lampada scialitica – il pulsossimetro (o saturimetro) – lo sfigmomanometro – lo stent – lo stetoscopio – il pacemaker – la pompa intratecale.

1 1 A mio zio hanno messo tre **pacemaker** nel torace, ma sta bene! Oggi è un intervento di routine. 2 Appoggi qui il mento: ora guardiamo il fondo dell'occhio con la lampada **a fessura**. Non chiuda l'occhio per favore. 3 Bene, iniziamo a incidere: **bisturi** numero 22... sarà un intervento impegnativo. 4 Dobbiamo intubare per forza! Prendimi il **laringoscopio**! 5 Il paziente è in arresto cardiaco! Prendi il **defibrillatore**! 6 La paziente è in evidente insufficienza cardiaca: dobbiamo passare **all'Ecmo**. 7 Ha ragione: la flebo va troppo piano, ora la regolo con il **deflussore**. 8 Le coronarie sono ostruite: dobbiamo inserire per forza degli **stent**. 9 Mio figlio è nato tre mesi prima e lo hanno messo nell'**incubatrice**. 10 Non ho ancora capito bene la differenza tra TAC e **risonanza magnetica**. 11 Non si preoccupi! Ora le controllo la membrana timpanica con l'**otoscopio** e vediamo cosa c'è. 12 Non vedo! C'è troppo sangue! **Aspiratore**, subito! 13 Passami il **divaricatore**, perché devo allargare la ferita. 14 Per favore, sposta a destra il satellite della **lampada scialitica**. 15 Per la sua asma, quando sente venire un attacco, spruzzi due volte con l'**inalatore**. 16 Puoi mettere sul **diafanoscopio** la radiografia che abbiamo fatto una settimana fa? 17 Purtroppo, per il suo dolore di schiena cronico, dobbiamo inserire una pompa **intratecale**. È un intervento semplice, non si preoccupi! 18 Questo ECG non mi convince... sei sicuro che l'**elettrocardiografo** funzioni bene? 19 Secondo me è una semplice bronchite, ora l'ausculto con lo **stetoscopio**... sì, lo so: è un po' freddo. 20 Signora, dobbiamo cambiare la **cannula** del catetere... non si preoccupi, non fa male. 21 Signora, mi dispiace ma deve togliere lo smalto dalle unghie, se no il **pulsossimetro** non funziona.

2 1 aspirare, 2 drenare, 3 erogare, 4 incidere, 5 inserire, 6 ostruire, 7 posizionare, 8 rilevare, 9 somministrare, 10 visualizzare.

3a 1 d, 2 e, 3 c, 4 f, 5 a, 6 g, 7 h, 8 i, 9 b.

3b-4b Risposta libera.

Unità 5

1 1 c, 2 d, 3 f, 4 e, 5 a, 6 b.

2 1 articolazioni, 2 colon, 3 pancreas, 4 cavità addominale, 5 cavità pleurica.

3a - 3b 18

Dialogo 1

– Allora, che cos'hai Lugi?
– Eh, non sto bene dottore! Ho la **tosse** da qualche giorno e mi fanno male le **orecchie**.
– Vediamo... eh sì, hai un'**otite** esterna virale e una leggera **bronchite**. Niente di grave... Per l'otite ti prescrivo una terapia **antibiotica** locale e dei **lavaggi** ad azione antisettica del condotto uditivo.
– Devo prendere **antibiotici** anche per la bronchite?
– No, no! Solo un antipiretico al bisogno e un mucolitico. E soprattutto stai al caldo e a riposo per una settimana. Nel caso, ci risentiamo.

Dialogo 2

– Dottore buongiorno, le ho portato l'**esito** dell'isteroscopìa.
– Bene, signora... ah, sì! È come pensavo: c'è un piccolo polipo nel tratto **cervicale** dell'utero. Bisogna **rimuoverlo**.
– Oh, no! E adesso?
– Non si preoccupi, signora! Questi polipi sono molto frequenti! È una **rimozione** che si fa ambulatorialmente, senza **necessità** di anestesia.
– Quindi è una cosa semplice...
– Sì, niente di che! Poi il polipo viene fatto **analizzare** per sicurezza, ma lei stia tranquilla già da ora!
– Eh... è una parola!

Dialogo 3

– Allora, signora Franchi, vediamo questo **elettrocardiogramma**... eh, no! Così non va! Lei non fa la brava, signora Franchi!
– Ma smettere di fumare è difficile!
– Ma non impossibile! Ci riescono migliaia di persone ogni giorno! Le ripeto quello che le ho già detto: lei deve **smettere** di fumare, **perdere** peso, **ridurre** il sale e fare

esercizio fisico! Lei **rischia** un infarto, ha capito o no? Deve cambiare **stile** di vita!
– Ci proverò, dottore!
– Mi raccomando... ora le misuro la pressione e vediamo se è alta.

Dialogo 4
– Buongiorno signor Cardi, mi ha portato la **risonanza magnetica**?
– Sì, eccola! Comunque il ginocchio mi fa sempre più male!
– Vedo, vedo... la cartilagine è un po' consumata... niente di che, cose dell'età... ma lei deve fare un po' di moto, mio caro signor Cardi... Bisogna riattivare la **funzionalità** del ginocchio.
– Non ci penso neanche! Il ginocchio mi fa malissimo!
– Le andrebbe di fare un po' di **terapia** in piscina? È una terapia molto **dolce** e potrebbe **rinforzare** i muscoli delle cosce, in modo da non **caricare** troppo il ginocchio.
– Beh... può essere una buona idea...
– Ottimo, allora proviamo con l'idrokinesiterapia **due** volte alla settimana e vediamo come va.

3a Dialogo 1: terapia farmacologica; Dialogo 2: terapia chirurgica; Dialogo: 3 terapia preventiva;
Dialogo 4: terapia riabilitativa.
4 1 Vero, 2 Falso, 3 Falso, 4 Vero, 5 Vero, 6 Falso, 7 Vero, 8 Vero, 9 Falso, 10 Vero.
5-6 Risposta libera.
7a 1 antidepressivo, 2 anestetico, 3 antistaminico, 4 antimicotico, 5 antivirale, 6 antipiretico, 7 analgesico, 8 antinfiammatorio, 9 chemioterapico, 10 antibiotico, 11 anticoagulante, 12 antiemorragico, 13 ansiolitico, 14 contraccettivo, 15 antipertensivo, 16 antidolorifico, 17 antitrombotico, 18 FANS, 19 gastroprotettore:
1) posologia, 2) bugiardino.
7b 1 antinfiammatori, 2 ansiolitico, 3 contraccettivo, 4 antimicotico, 5 antipertensivo, 6 antipiretico, 7 antitrombotico, 8 antidepressivi, 9 anticoagulanti, 10 antistaminico.
8 1 inalatoria, 2 transcutanea, 3 parenterale-sottocutanea, 4 enterale-orale, 5 enterale-sublinguale, 6 parenterale-intramuscolare.

Unità 6

1a-1b 19

1 Gianni, mi raccomando, controlla la temperatura del signor Bianchi, stamattina. Il dottore ha detto di dargli l'antipiretico in gocce, se supera i 38 di febbre, e di aumentare la dose se necessario. Fammi sapere.
2 Domani mattina facciamo una riunione sulle nuove procedure di sterilizzazione e disinfezione che sono arrivate dal Ministero. Il controllo dello smaltimento dei rifiuti sanitari sarà, invece, argomento di discussione giovedì prossimo.
3 Buongiorno signora, come sta stamattina? Tra dieci minuti le cambio la fasciatura... no, non le faccio male, stia tranquilla!
4 Sì, signora Vinci, oggi la mando a casa, è contenta? Ho già firmato le sue dimissioni. Ha risposto bene alla terapia e al protocollo post operatorio... Mi raccomando, li continui anche a casa!

1b 1 Coordinatore infermieristico (caposala), 2 Direttore sanitario, 3 Infermiere/infermiera, 4 Dirigente medico di secondo livello (primario).
2 1 f, 2 l, 3 e, 4 p, 5 s, 6 m, 7 d, 8 u, 9 n, 10 g, 11 a, 12 o, 13 c, 14 r, 15 h, 16 t, 17 b, 18 q, 19 i.

Unità 7

1 1 Vero, 2 Falso, 3 Vero, 4 Vero, 5 Falso, 6 Vero.
2 **Laurea triennale in infermieristica:** fare educazione sanitaria; occuparsi di assistenza, cura, prevenzione e riabilitazione; operare nella prevenzione delle malattie; dare assistenza a malati di tutte le età; diventare responsabile dell'assistenza generale infermieristica.
Laurea magistrale in scienze infermieristiche e ostetriche: diventare coordinatore infermieristico; diventare dirigente dell'assistenza infermieristica; diventare insegnante dirigente; intervenire con elevate competenze nei processi di ricerca.
3 1 e, 2 d, 3 f, 4 a, 5 g, 6 h, 7 b, 8 c.
4 20

– Buongiorno, signora Bianchi! Tutto bene? Oggi le mettiamo un cateterino venoso, così possiamo darle i farmaci senza dover fare tanti buchi.
– Oddio! Cos'è quell'ago?
– Non è un ago, è solo una cannula! È in poliuretano, vede? È morbida!
– Sì, ma dentro c'è un ago! E pure bello grosso!
– Non è un ago, ma una guida metallica, signora! Serve per la puntura della vena e per guidare la cannula all'interno del vaso... vede? Guardi, la sposto in avanti con queste alette!
– E quell'ago mi rimane dentro?
– No, stia tranquilla! Solo la cannula! Guardi: qui attacchiamo il deflussore della fisiologica e qui, alzando questo coperchio, le mettiamo i farmaci da siringa, così non la buchiamo più.
– Insomma, mi pungete una volta sola e poi basta...
– Esatto! È pronta? Faccio in un attimo!

21

– Buone notizie, signora Bianchi! Oggi le togliamo il catetere vescicale!
– Ma farà male?
– No! Forse un pochino di **fastidio**, ma niente di che!

Comunque la informo prima su tutto, così lei sa cosa faccio e non si preoccupa.
- Va bene.
- Allora, prima di tutto la **scopro**... aspetti che tiro la tenda, così non la vede nessuno.
- Ecco, brava... mi vergogno!
- Ma no, siamo solo io e lei. Ora le metto il **telino** assorbente sotto, così non sporchiamo il letto... alzi un pochino il sedere signora... ecco, bravissima! Ora la **pulisco** ... o preferisce farlo lei?
- No, no... ho paura di toccare il catetere! Faccia lei, per favore!
- Fatto! Ora tiro il **tubino** e svuoto la **cuffia** con una **siringa**! Ecco... piano piano... abbiamo fatto! Svuoto la siringa nella **bacinella**... Ecco! Ora **estraggo** il catetere e abbiamo finito. Vuole pulirsi da sola?
- Sì, ora sì, grazie!

- Senta Caterina, mi scusi... ma io ho un po' paura di queste iniezioni sulla pancia... me le spiega? A casa dovrò farmele da solo...
- È molto semplice, signor Vasi. Allora, prima di tutto lei sente il tessuto **adiposo** con la mano e sceglie un sito di **punzione**, cioè il posto giusto per la puntura. Poi disinfetta il sito e prende con due dita la **plica** cutanea, cioè il posto dove deve fare l'iniezione... così! E poi fa l'iniezione.
- Ecco, è questo che mi preoccupa!
- No, non deve... vede, l'ago è piccolo e corto. Lo inserisce con un'angolazione tra 45 e 90 gradi, a seconda dello strato **sottocutaneo**, e poi inietta il farmaco. Infine disinfetta, premendo un pochino, ma senza **strofinare** mi raccomando!
- È come le altre iniezioni, in pratica.
- Anche meglio, guardi! Però è importante ricordare dove fa le varie iniezioni, così evita problemi. Tenga d'occhio i siti di punzione, insomma!

5 1 applicare il laccio **emostatico**, 2 applicare uno strato di pomata **topica**, 3 azionare l'aspiratore, ritirando il catetere con movimenti **rotatori**, 4 carrello di **terapia** elettronico, 5 cartella clinica **informatizzata**, 6 catetere vescicale **uretrale** e catetere **vescicale** sovrapubico, 7 **clisma** evacuante, 8 con la **palpazione**, localizzare la vena da pungere, 9 gli infermieri in UTIN cioè in Terapia **Intensiva** Neonatale, 10 gli infermieri **stomisti** si occupano della **riabilitazione** degli stomizzati, 11 il drenaggio può essere "aperto" o "**chiuso**", 12 il prelievo **arterioso** serve per controllare gli scambi gassosi, 13 il REDON è sottovuoto con un **soffietto**, 14 l'**enteroclisma** ha una sacca da 2 litri unita ad una canna **flessibile**, 15 l'SNG è il **sondino** naso-gastrico, 16 la medicazione semplice è adatta a lesioni **cutanee** superficiali, 17 la pulsossimetria è la misurazione del livello di **ossigeno** nel sangue, 18 la rimozione dei tessuti **necrotizzati**, 19 lavaggio **intestinale** da fare in casi di irregolarità intestinali, 20 materiali **sterili**, come garze, cerotti o bende, 21 NED significa Nutrizione **Enterale** Domiciliare, 22 Nel test di Allen l'operatore comprime **arteria** ulnare e radiale, 23 radioterapia **metabolica**, 24 trattamenti finalizzati alla **riparazione** tissutale.

Unità 8

1 1 Falso, 2 Vero, 3 Falso, 4 Vero, 5 Falso, 6 Falso, 7 Vero, 8 Falso, 9 Vero, 10 Vero, 11 Falso, 12 Vero.

2a (23)

Ciao, sono Adriano e faccio l'OSS ormai da cinque anni. È un lavoro particolare il mio e non sempre gli si dà la giusta importanza. È un lavoro che serve per ridare dignità alla gente, per aiutare nel quotidiano, e non solo, le persone che sono in sofferenza. Bisogna essere molto comunicativi ed empatici per fare l'OSS, perché è un lavoro basato sullo scambio di idee e di esperienze con i colleghi, e sulla capacità di creare un rapporto di fiducia con il paziente. C'è un concetto molto importante che noi tutti seguiamo: quello dell'umanizzazione della cura, cioè mettere il malato al centro della cura, perché un malato non è solo un portatore di una patologia, ma una persona con i suoi sentimenti, la sua vita, le sue paure e le sue speranze. Umanizzazione della cura, quindi, significa occuparsi del paziente non solo dal punto di vista biologico, ma anche psicologico e relazionale.

Soluzione: ridare dignità - essere in sofferenza - creare un rapporto di fiducia - umanizzazione della cura.

2b Risposta libera

UNITÀ 9

1 1 Vero, 2 Falso, 3 Falso, 4 Vero.

2 I due OSS si mettono ai lati del letto e, se possibile, mettono il paziente in posizione supina, abbassando il letto a un'altezza comoda. Tolgono il **copriletto**, la coperta e il lenzuolo superiore **sporco**. Posizionano il paziente su un **fianco**, in modo che dia le spalle al primo operatore. L'altro lo sorregge. Il primo operatore arrotola il lenzuolo inferiore sporco e la **traversa** da cambiare verso il centro del letto, molto vicino al paziente. Posiziona il lenzuolo pulito con la **piega** centrale vicino al paziente. Spiana bene il lenzuolo inferiore e ne piega gli angoli e il lato sotto il materasso, poi lo arrotola molto vicino al paziente, **sotto** quello sporco. Mette il centro della traversa vicino al paziente e la arrotola sotto al lenzuolo sporco. I due operatori girano il paziente, prima in posizione supina e poi sull'altro fianco, verso il primo operatore, che ora **sorregge** il paziente. Il secondo operatore toglie la biancheria sporca e tira verso di sé quella pulita, stendendola e piegandola sotto il materasso. Gli operatori mettono il paziente in posizione

supina e lo coprono con il lenzuolo superiore pulito e le coperte.

3 (24)

- Buongiorno, signora Gina! Sono venuta a cambiarle il pannolone, posso?
- Certo!
- Allora, ora stacco i velcri qui ai lati... mi **incrocia** le mani sul petto, per favore? Bravissima! Ora mi tira su le ginocchia e mi **divarica** un pochino le gambe, così posso abbassare il pannolone davanti.
- Grazie! Mi dava un po' fastidio, in effetti!
- Eh, immagino... comunque le sue parti intime stanno bene, non c'è nessun **rossore**. Per favore, si **giri** su un fianco, piano piano, così posso togliere il pannolone sporco.
- Così?
- Esatto! Tolto! Adesso ci mettiamo **dritte**... e io butto via il pannolone sporco. Dovrei lavarla, posso?
- Sì!
- Mi **alza** le ginocchia e mi apre un po' le gambe, per favore? Grazie! **Senta** l'acqua se va bene... Troppo fredda... troppo calda...?
- No, no... va bene.
- Perfetto, allora ci laviamo... fatto! Ora l'**asciugo** per bene perché è importante che sia bella asciutta! Se gentilmente si gira su un fianco, così l'asciugo anche dietro e le metto la **crema** dermoprotettiva.
- Grazie!
- Resti così su un fianco, così io le stendo il pannolone pulito... bene! Ora torna dritta e, piano piano, si gira sull'altro fianco...un attimo di pazienza, Gina, perché devo **stendere** il pannolone. Si rimetta dritta e mi apra un po' le gambe, così riesco a mettere il pannolone per bene, senza pieghe... ecco! Abbiamo finito! Tutto a posto!
- Grazie!

4 **Viso:** viso - alzando; **Igiene orale:** tiepida; **Capelli:** Si alza - sollevato - un asciugamano - sdraiare; **Il busto:** Si spoglia - supino; **Igiene intima:** sul petto - la padella - divaricate - unidirezionale - tamponando.

Unità 10

1 1 Falso, 2 Vero, 3 Falso, 4 Vero, 5 Falso, 6 Vero, 7 Falso, 8 Falso.

2 1 il soccorritore DAE, 2 ogni componente della squadra, 3 il caposquadra, 4 il soccorritore, 5 l'autista, 6 l'allievo soccorritore.

3 (25)

1 – 118 Bologna. Dove mando l'ambulanza?
2 – Vi prego, veloce! Mio padre è caduto! Perde sangue!
3 – Mi dice da dove chiama?
4 – Da via Verdi.
5 – In che città, signora?
6 – San Lazzaro! Veloci, vi prego! Fate presto!
7 – Signora, rimanga in linea con me, così le mando subito i soccorsi! Via Verdi, che numero civico?
8 – Oddio... 121! Guardi che mio padre sta male!
9 – Mi dice che succede?
10 – Mio padre è caduto dal tetto di casa, l'ho trovato qui in giardino! Non mi risponde!
11 – Quanti anni ha suo padre?
12 – Settanta!
13 – Suo padre è cosciente?
14 – No, non mi risponde! Perde sangue dalla testa!
15 – Signora le sto già inviando i soccorsi! Lei resti in linea con me, così le dico cosa deve fare! Controlli se suo padre respira.
16 – E come faccio?
17 – Guardi se il torace di suo padre si solleva.
18 – Sì, sì! Respira. Ma perde tanto sangue!
19 – Allora, mentre arrivano i soccorsi lei resti in linea con me. Da che altezza è caduto suo padre?
20 – Saranno... quatto metri!
21 – Signora guardi, nell'ambulanza ci sarà anche un medico. Lei resti calma, intanto lei resti in linea con me... guardi tra pochi minuti sono lì, sono già partiti.

Unità 11

1a 1 Falso, 2 Falso, 3 Falso, 4 Vero, 5 Vero, 6 Vero, 7 Vero, 8 Falso, 9 Falso, 10 Vero, 11 Falso, 12 Vero, 13 Vero, 14 Falso.

1b 1 Il primo soccorso non sostituisce l'arrivo dell'ambulanza o del medico. 2 Per il primo soccorso si hanno bisogno di conoscenze specifiche. 3 La rilevazione dei parametri vitali è fondamentale in caso di emergenza. 8 Ci sono molti punti di repere nel corpo umano. 9 La prima pulsazione si conta come "zero". 11 Si ha tachiaritmia quando il cuore batte troppo velocemente. 14 Normalmente una persona fa 12-16 respiri al minuto.

2 **Devo fare:** Fermarmi a prestare soccorso. Valutare la presenza di eventuali pericoli per me e il ferito. Chiamare subito il 118 per il ferito e anche il 115 se c'è un incendio. Indossare il giubbotto catarifrangente e mettere il triangolo. **Non devo fare:** Fare l'eroe e cercare di fare da solo/a. Spostare il ferito o muoverlo se è grave o non si capisce bene cos'abbia. Mettere in pratica tecniche di primo soccorso, anche se non le so fare in modo adeguato. Se il ferito è un motociclista, togliere il casco.

3 1 c, 2 b, 3 a.

4 1 Falso, 2 Falso, 3 Vero, 4 Falso, 5 Vero, 6 Falso, 7 Vero, 8 Vero, 9 Vero, 10 Falso.

5 Si hanno quando si viene a **contatto** con superfici molto calde o direttamente col fuoco.
Le ustioni possono essere di primo, di secondo e di terzo **grado**. Quelle di primo grado si manifestano con un **arrossamento** della pelle ma la cute è integra. Quelle

di secondo grado hanno, invece, bolle e **vesciche** sulla pelle. In quelle di terzo grado la cute è nerastra, in quanto **carbonizzata**. • Ustioni di primo grado: mettere la parte ustionata sotto acqua fredda corrente del rubinetto per almeno dieci minuti. • Ustioni di secondo grado: anche in questo caso usare acqua fresca e corrente e poi applicare delle garze bagnate, in modo che non **aderiscano** alla parte ustionata. • Ustioni di terzo grado: si procede come sopra, allertando subito il 118 o un medico. Evitare di **bucare** vesciche o bolle e non mettere **ghiaccio** che, a sua volta, può bruciare la pelle. Non usare olio di oliva o altri "rimedi" tradizionali: ogni pomata o crema deve essere data dal medico. È bene anche liberare la parte ustionata dai **vestiti** a meno che la situazione non sia troppo grave: dato che la stoffa può aderire alla pelle, se si toglie la stoffa ti toglie anche la pelle.

6 26

1 Rimuovere ogni indumento dal torace del paziente - Applicare la placca sulla cute del paziente esattamente come illustrato nell'immagine. - Inserire il connettore. - Esame del ritmo cardiaco in corso. - Scarica insediata. Scarica in corso. Allontanarsi dal paziente. - Effettuare la scarica adesso. - Scarica effettuata. - Iniziare la rianimazione cardiovascolare.

Soluzione

1 Rimuovere ogni indumento dal torace del paziente. Il soccorritore alza maglietta, maglione, camicia... lasciando il paziente a petto nudo.
2 Applicare la placca sulla cute del paziente esattamente come illustrato nell'immagine. Si toglie la protezione agli elettrodi adesivi, uno alla volta, e se ne mette uno sotto la clavicola destra e uno sotto l'ascella sinistra del paziente.
3 Inserire il connettore.
4 Esame del ritmo cardiaco in corso. Non toccare il paziente. Il primo soccorritore, a questo punto, interrompe le compressioni che ha sempre continuato a fare, per permettere al defibrillatore di analizzare la situazione del paziente.
5 Scarica insediata. Scarica in corso. Allontanarsi dal paziente. Il soccorritore fa allontanare tutti i presenti, perché il defibrillatore è pronto per la scarica.
6 Effettuare la scarica adesso. Uno dei soccorritori preme il pulsante della scarica.
7 Scarica effettuata.
8 Iniziare la rianimazione cardiovascolare. Uno dei soccorritori riprende a fare le 30 compressioni e l'altro, al termine di queste, le due ventilazioni (vedi sopra).

Unità 12

1 1 Vero, 2 Vero, 3 Falso, 4 Vero, 5 Falso, 6 Falso, 7 Vero, 8 Falso, 9 Falso, 10 Vero.
2 Risposta personale.
3a Risposta personale.
3b Risposta personale.

4 27

1 Le persone che presentano **sintomi**, anche **lievi**, quali febbre, mal di gola, tosse, congestione nasale, difficoltà **respiratoria**, dolori muscolari, diarrea devono rimanere nel proprio **domicilio** e contattare il proprio medico curante.
2 È assolutamente **vietato** muoversi dalla propria abitazione e avere **contatti** sociali
per le persone sottoposte a **quarantena**.
3 È vietato l'**assembramento** di persone in luoghi pubblici.
4 Si raccomandano il **lavaggio** frequente delle mani (con acqua e sapone o una soluzione alcolica) e una corretta **igiene** respiratoria (tossire e **starnutire** in un fazzoletto o nella piega del gomito).
5 È **obbligatorio** mantenere una **distanza** di almeno un metro tra persone.
6 È obbligatorio sull'intero territorio nazionale avere sempre con sé la **mascherina**.
7 È obbligatorio l'utilizzo della mascherina: • nei luoghi al chiuso che non siano la propria abitazione • in tutti i luoghi all'aperto, a eccezione di quelli in cui il **distanziamento** tra persone non conviventi è possibile.
8 Non sono **soggetti** all'obbligo della mascherina: • le persone che stanno svolgendo attività sportiva • i bambini di età inferiore ai 6 anni • le persone con **patologie** o disabilità **incompatibili** con l'uso della mascherina.
9 È fortemente **raccomandato** l'utilizzo della mascherina nelle abitazioni private in presenza di persone non **conviventi**.

Note